# 小島經濟學

HOW AN ECONOMY GROWS
AND WHY IT CRASHES

關於魚（金錢）、漁網（資本）、儲蓄及
借貸的經濟寓言

插畫圖解珍藏版

Peter D. Schiff & Andrew J. Schiff 彼得・希夫 & 安德魯・希夫 著

胡曉姣 呂靖緯 陳志超 譯

suncolor
三采文化

謹以此書獻給我的父親艾爾文・希夫及世界上所有給自己兒子講故事的父親，獻給我的兒子史賓塞、普雷斯頓以及世界上所有將故事傳給後代的兒子們。

——彼得

謹以此書獻給我的父親艾爾文，感謝他的鞭策；獻給母親艾倫，感謝她的體貼與支持；獻給我的孩子伊森和伊莉莎，感謝他們激發了我的熱情和奇思妙想；獻給我的妻子帕克斯頓，是她給了我溫暖的家（也許有一天我們會有一個壁爐吧）。

——安德魯

# 目 錄

〰〰〰〰〰〰〰〰〰〰〰〰〰〰〰〰〰〰〰〰〰〰〰〰〰

**第 一 章** 一個好點子出爐了／31

查理嚇得眼珠直轉，他想自己的朋友肯定是瘋了。「你瘋了，這樣做，我告訴你⋯⋯瘋了。要是你這捕魚器不好用，可別哭著來跟我要魚吃，一片也別想。我頭腦清醒，但這並不表示我會為你的瘋狂做法買單！」

**第 二 章** 把財富分享給別人／45

貝克走近艾伯，說道：「我們做個約定吧：你借給我們一條魚，我們會還你兩條，這可是百分之百的利潤啊！除了這座小島，你到哪兒能找到這樣的高報酬？」

# 如何透過經濟學改善自己的財務？

### 《商業週刊》財富網專欄作家 市場先生

經濟學的基本假設是人們需求與慾望沒有窮盡，因此必然資源匱乏，在這個情況下資源如何做出理性的分配？我們能否從中找到分配的依據，以及預見做出各種決策時會有什麼後果？

### 經濟學對個人的意義是什麼？

有趣的是，經濟學家在看事情，只關心整體是否有改善，而不在乎個體的好壞，而且經濟學家或政客也不承擔這些後果，真正承擔後果的是你和我。

看完這本書，如果把焦點只放在看懂經濟學那其實很可惜，理解經濟學不是為了考試、我們也不是經濟學家，我們真正關心的是怎麼改善自己的財務與生活品質，那應該怎麼做呢？

### 經濟學如何改善個人的財務狀況？

從書中小島經濟的演進，其實從中可以發現 2 個關鍵：

1. 滿足生活必需條件後，我們所要做的就是創造資本

在書中的原始人是忍受著飢餓，才擠出額外的時間創造出生產

工具，就如同我們透過儲蓄、運用下班時間，累積出讓自己有更大生產力的資本。

　　並不是什麼東西都可以當成資本，必須是能提升生產效率的東西才稱作資本。有趣的是，許多人認為致富的關鍵是買房，從這個觀點來看，作者認為房地產並不是一種資本，因為買房並不會讓這個社會整體的產出增加。同樣道理，如果把下班時間和儲蓄花在娛樂、奢侈品，就等於別人都在用漁網捕魚，而你還在用手抓魚一樣。

　　2. 看懂經濟環境變化，避免受環境傷害，並且設法從中受益：

　　觀察小島的經濟發展，我們會發現外在環境的變化，很可能會影響到個人的生活品質，例如：當聯準會不斷地以低利率增加債務、發行新的鈔票，將會造成通貨膨脹，讓手上的貨幣貶值、儲蓄的購買力降低。如果你能理解這項經濟訊息的意義，就會知道應該盡快把現金和儲蓄盡量換成資本或不易貶值的資產。

　　目前台灣的通貨膨脹大約落在 2% 左右，這數字看起來很低，但實際上影響很大。如果你的財務規劃策略是 50 歲時存 1000 萬等退休，但到 65 歲退休時這筆錢實際購買力只剩下 738 萬。

　　最後，這是一本小學生也能看懂的基礎經濟學，預祝你能從中能找到改變自己財務的關鍵！

# 請翻開故事第一頁，登上三人小島瞧瞧吧！

　　接下這本書的編輯工作，對我來說是用全新視角重新看待經濟學的學習之旅。雖然我有台大農經系的背景，但回想起求學時期修習經濟學原理、個經、總經的經驗，許多理論與模型對我來說總覺得不是那麼好懂，相關案例也不是那麼貼近真實生活。畢業後，偶爾在書店看到經濟學入門書籍，受到聳動的書名吸引，總會拿起來翻翻看，想要重新連結久未接觸的經濟領域，只可惜讓人想一直看下去的書卻不多（多半是買了就擱在架上）。

　　直到因工作機緣遇到這本《小島經濟學》，讓我越看越有興趣，原因是作者利用說寓言故事的方式，縮小世界尺度，將真實世界經濟發展的起源簡化為一座小島上的三個人，從徒手捕魚餵飽肚子開始，接著有人發現可以編織漁網增加生產效率，到發明巨型捕魚器，人們的時間從勉強求生存當中解放出來，開始有更多時間製作別的商品來提升生活品質；在發現其他小島有各自擅長製作的物品可以交換後，經濟開始朝向跨島貿易發展…隨著經濟不斷發展，貨幣、基金、信貸、房貸一一出現，故事一步一步開展，讓人不知不覺就繼續看下去。

讓我拍案叫絕的是書中對歐債危機、2008 年金融海嘯及聯準會後續一系列 QE 救市措施的精闢分析與批判，讓我有種恍然大悟的感覺，因為老實說，個人過去尚未涉足股票、基金等投資理財方式，對這些經濟重大事件的了解僅止於新聞裡的報導，不太會去深入研究那「看似複雜」的成因。近日中美貿易大戰火熱開打，書中也以美索尼亞國與中島帝國做為影射，說明兩國之間矛盾衝突的成因。

　　當然，經濟學不是看完一本書就能懂那麼簡單，但看完這本書後會發覺有些原理其實也並不複雜。這本書運用淺顯易懂的故事和插畫，巧妙代入真實世界的國家、組織、人物和事件（每章節末還有「現實連結」單元，將現實與故事相互應證），看完之後對於世界經濟為何發展成今天這個局面就能大概抓到一些脈絡了。我想，對於許多人來說，這會是一本很好的入門書，先用看故事的心情進來，看著看著被高潮迭起的故事情節牽引，開始對經濟是如何推動著這個世界運轉感到興趣，或許就更有動機和意願進一步去研究書中提到的概念和事件，甚至延伸觸角去了解其他派別的經濟理論和應用。

　　現在，請翻開故事的第一頁，登上三個人的小島瞧瞧吧！

# { 珍藏版序 }

自《小島經濟學》一書問世以來已有四年之久。四年來，我們始終與讀者保持交流，與他們探討如何運用書中理論來穩定美國及其他國家持續動盪的經濟，這也是本書寫作的初衷。然而時至今日，我們仍舊覺得自己尚有未盡之言與未盡之責。

本書第一版寫作手法幽默，內容淺顯易懂，有關魚的雙關比喻也算生動，但在品質方面仍有所欠缺。另外，第一版也有造作之嫌，貌似我們想利用低廉的價格吸引那些對經濟學原理不夠瞭解的讀者，以此獲得龐大的讀者市場。但現在，我們堅信許多忠實的讀者正滿心期待這本書有一個更加細緻完善的新版本，更有許多讀者可能會將本書作為禮物贈人，或者作為展示擺放在咖啡桌上，因此我們由衷地希望能將本書打造成饋贈佳品、閱讀精品。由此，我們決定推出本書的「珍藏版」。這個版本比第一版內容更豐富，也更翔實。我們對新版的扉頁做了美化處理，在書中加入了一些新插圖，紙張的品質也提高了。在寫作模式上，新版基本延續了第一版的故事書形式，因為我們始終覺得這樣的形式與本書的精神最為契合。上述只是本書包裝方面的改進，除此之外，我們還在內容上做了許多增補。

本書第一版問世之時，正值美國經濟近乎完全崩潰一年之後。

自那時起，形勢已經有了明顯好轉。時至今日，我們不再整天報導低迷的 GDP 增長，房地產市場呈現回暖態勢（一些市場的價格正以前所未有的速度攀升），股票市場不斷創造歷史新高，通貨膨脹貌似又回到可控範圍內，失業率也在穩步下降。但與此同時，大多數美國人對這些所謂的「經濟復甦」並未特別有感。

　　隨著通貨膨脹的加劇，美國家庭所得中位數在 2013 年 8 月的數值比 2008 年金融海嘯開始前還要低。當時越來越多的人面臨失業或只能做兼職工作，然而他們真正想要的是一份全職工作。但那些新出現的全職工作多是在低薪的零售業或服務業，而非待遇優厚但正日趨減少的中產階層工作。現在的大學畢業生背負著極為沉重的學貸，卻正面臨著史上最為慘澹的就業前景。

　　在當下的美國社會，人們旅遊和度假的花費越來越少，大多都拿來買生活必需品（食物與能源）了。如今美國馬路上飛馳的汽車，全都是老得不能再老的舊款式；曾經代表著美國經濟實力的龍頭城市底特律，如今也慘遭破產厄運。這一切，絕非偶然。

　　我們聽到的總是經濟正在復甦的消息，實際上卻面臨著令人失望的前景，所聞與現實之間根本就是天壤之別。這是因為在 2008 年金融海嘯之後，為避免承擔更大的損失，聯邦政府開始支出我們

實際並沒有的數兆美元，聯準會也開始實施一項名為「量化寬鬆」（QE）的新政策，這些政策已經成為實體經濟的替代品。

十年前，除了在大學經濟系之外，幾乎沒有人聽過「量化寬鬆」這個名詞；時至今日，這一政策已成為經濟增長最重要的推手。眾多投資者與財經新聞工作者近乎癡迷地緊跟聯邦政府政策，就像十四歲的校園女生追隨著她們最愛的男孩樂團（Boy Band）一樣，聯準會主席柏南克彷彿已變身為加拿大流行音樂小天王小賈斯汀（Justin Bieber）般備受追捧。

然而，量化寬鬆不過是「印鈔票」的一種花俏的委婉說法而已。自 2010 年起，聯準會憑空印發了數兆美元用來購買資產，包括政府支持的債券和抵押貸款債券。這些做法抬高了相關市場的價格，降低了長期利率。聯準會正利用印鈔機的力量創造一個經濟復甦的假象，但這種創造出來的經濟和作為其支撐的那些印刷的鈔票一樣都是假象。在這種如履薄冰的健康假象之下，經濟發展甚至比聯準會採取補救措施之前還要慘不忍睹。

舉例來說，在我們準備推出《小島經濟學》一書的新版本之際，聯準會也在購買每月 450 億美元的國債，占據了大部分政府所發行的債券，這一舉措使得長期利率保持在較低水準，從而在某種程度

上推動了經濟發展。聯準會鼓勵公司和個人借貸，不鼓勵他們儲蓄。極低的利率也是近幾年推動股票市場迅猛發展的主要原因。如果聯準會停止購買債券，利率便會立即飆升，股票會暴跌，看上去健康的經濟也會消失不見。

　　量化寬鬆政策對房地產行業的復興也有直接的影響。聯準會每月購買 400 億美元的抵押貸款債券，實際上相當於已經認購了房地產市場。但聯準會所購買的抵押貸款，是個人買家出於合理原因根本不願意碰觸的。房價仍然與收入高度相關，大多數買房者沒有足夠的儲蓄來支付鉅額的頭期款，但政府的擔保人只需要支付最低頭期款，再加上有聯準會提供的超低利率，支付相對輕鬆很多。假如沒有這些支持，房地產市場毫無疑問會像 2008 年金融海嘯時一樣崩潰失衡。

　　因此，量化寬鬆政策已經成為美國的經濟命脈的說法並不為過，但問題在於，這項政策誘惑性極大，最終會毒發不治。我們實現了基於量化寬鬆政策的人為經濟復甦，這種復甦也只能與該政策同生共滅，並不能為真正的經濟復甦奠定基礎。

　　目前，主流經濟學家都在討論，在不損害經濟發展的前提下，聯準會會在何時、以怎樣的方式摒棄量化寬鬆政策（即所謂的「退

場策略」）。儘管多數人承認實施「退場策略」會遇到重重阻力，但他們仍然相信手段高明的執行者會以極其靈敏精確的方式完成這項任務。這就好比一個古老的戲法：將桌布從一張擺滿東西的桌子上猛地抽走，桌上的瓷器卻紋風不動。但這還不是聯準會要表演的戲法，實際上聯準會要抽走的不是桌布，而是桌子本身。他們希望既能撤走桌子，又不讓那張桌布和那些餐具掉落地上。

這就是我們認為當前經濟已經陷入困境的理由，我們癡迷於量化寬鬆政策，卻並不瞭解它，而經濟學家期待的量化寬鬆「退場策略」則永遠也不會出爐。這是一條不歸路，只會帶來更為嚴重的經濟問題。

鑑於這些新情況的出現，《小島經濟學》珍藏版增加了兩個新章節——第 17 章和第 18 章——旨在揭祕量化寬鬆政策（以及歐洲債務危機的進展）。另外，我們還對全書做了幾處編輯，同時增加了部分內容。我們希望新增的內容會使本書與我們當下所處的這個世界更加緊密地聯繫。

希望你們喜歡本書，並與那些需要回歸理性的朋友們分享。

彼得・希夫與安德魯・希夫　2013 年 9 月

# { 序 言 }

在過去大約一個世紀的時間裡，很多研究成果向人類展現了科技進步的巨大成就，幾乎涵蓋所有研究領域－只有一個領域除外。

憑藉數學和物理這兩大武器，科學家們將一艘太空船發射到距地球數億公里之外的土星的一顆衛星上。而「慘澹經營」的經濟學界卻找不到一個類似的成就。

如果美國太空總署的工程師們具有與我們那些頂級經濟學家相同的預測能力，「伽利略號」探測器的結局也許會截然不同，不但衛星會脫離其軌道，而且火箭在升空過程中轉而向下俯衝的可能性極大，甚至有可能衝破地殼，進到岩漿層去。

2007 年，當世界聚焦幾十年來最大的一次經濟災難時，絕大多數經濟學家並沒有意識到棘手的問題已顯露端倪。此後三年裡經濟一片混亂，經濟學家們拿出的補救方案令大多數人瞠目：為了解決債務危機，我們必須負債更多；為了經濟繁榮，我們必須花錢消費。過去他們缺乏遠見，而今他們的解決方案又如此違背常識，究其原因，是因為幾乎沒有經濟學家明白他們的學科如何發揮作用。

凱因斯創造了許多被普遍接受的理論，其中就包括上述那些荒謬的建議。凱因斯是 20 世紀早期非常有頭腦的英國學者，但他卻提出了一些非常愚蠢的理論來分析經濟增長的原因。從根本上說，

凱因斯只不過是玩了一個聰明的把戲而已，他把一件簡單的事情搞得極其複雜。

　　在凱因斯的時代，物理學家們首次提出了量子力學的概念。量子力學是研究微觀粒子運動規律的物理學分支學科，它認為宇宙是受兩套截然不同的物理規則制約的：一套規則對極小的粒子產生作用，如質子和電子；另一套則對其他所有事物產生作用。也許是覺得經濟學理論太枯燥，需要加點兒新鮮手法，於是凱因斯提出了一個類似量子力學的經濟學研究視角，創造了兩套經濟規律，一套作用於個體層面（與個人及家庭生活相關），另一套作用於總體層面（與國家和政府相關）。

　　凱因斯的理論提出時，適逢全球歷史上最大規模的經濟繁榮期即將結束。從經濟角度來講，19 世紀與 20 世紀早期西方世界的產能增長與生活水準都是空前的，而此次經濟繁榮的中心就是實行自由資本主義的美國；美國的獨特之處就在於維護個體權利、限制政府權力。

　　自由市場資本主義的本質就是權力分散，對全球大部分地區既有的僵化權力結構帶來了威脅。此外，資本主義的擴張導致明顯的貧富兩極分化，促使一些社會學家和進步人士開始尋求他們眼中的

公平正義，以取代自由市場資本主義體制。在這樣的背景下，凱因斯在看似不公平的市場經濟中引入現代科學的概念，這種做法無意中迎合了國家權力中心和社會理想主義者的心態，使他們相信經濟活動的確需要凱因斯式的規劃思路。

凱因斯的核心觀點是，在經濟不景氣時，政府可以通過擴大貨幣供給和財政赤字以緩和自由市場的波動。

20 世紀二、三十年代，凱因斯的追隨者（即凱因斯主義者）們嶄露頭角，與支持路德維希‧馮‧米塞斯（Ludwig von Mises）等經濟學家觀點的奧地利經濟學派產生了衝突。奧地利學派認為，經濟衰退是經濟繁榮期所做出的錯誤決定的必要補償，經濟迅猛發展過後必然會有一個相應的衰退期；他們認為經濟繁榮的首要原因是政府利用低利率「刺激」經濟，向企業界發出了錯誤的信號。

因此，凱因斯主義者力圖緩解經濟蕭條，而奧地利學派則尋求避免虛假繁榮的途徑。在兩者隨後的經濟理論論戰中，凱因斯主義者有一個關鍵優勢。

凱因斯主義使人們以為可以拿出解決經濟危機的無痛方案，因此立刻受到政治家們的追捧。凱因斯宣導的各項政策承諾提高就業率，在稅收不增加、政府服務不減少的前提下推動經濟發展，這些

政策與那些無須節食、無須運動的神奇減肥計畫一樣具有魔力。儘管這些願望不合常理，但卻令人頗感慰藉，因此成了競選活動中慣用的手法。

　　凱因斯主義允許政府擺出一副有能力提高人們生活水準的模樣，只要印鈔機開動起來，什麼都可以做到。因為具有親政府的傾向，凱因斯主義者們比奧地利學派學者更有可能接受政府的任命。那些培養出多位金融大臣和財政部長的大學聲望明顯高於沒有這些成就的大學，各大學經濟系也不可避免地青睞那些支持凱因斯主義的教授，而奧地利學派則不斷受到排擠。

　　同樣的，那些大型金融機構和眾多經濟學家效力的大雇主也都對凱因斯的主張青睞有加。大銀行和投資公司利用凱因斯主義者創造的低息貸款和寬鬆貨幣政策等經濟條件，賺得盆滿缽滿。另外，凱因斯主義者認為政府政策應當鼓勵投資，此一理念也幫助金融公司把手伸進了很多頭腦發熱的投資者的口袋，因此這些金融公司更傾向於雇用那些支持凱因斯主義的經濟學家。

　　與呆板守舊的競爭對手相比，凱因斯主義者有著明顯的優勢。於是，一個自我實現、相互吹捧的社會很快催生了一大批熱衷於凱因斯主義原則的頂級經濟學家。

這些經濟學家將凱因斯政策奉為真理，認為是它結束了經濟大蕭條的局面；他們當中很多人認為，如果沒有政府推出的刺激政策（包括第二次世界大戰必需的軍費），我們永遠也無法從經濟衰退的絕境中恢復元氣。事實上，此次大蕭條是現代歷史上歷時最長、程度最嚴重的一次經濟衰退，凱因斯政策在這次經濟衰退中首次得到了全面而充分的運用。至於這些政府干預措施究竟是不是經濟蕭條得到遏制的原因，這個問題至今為止仍然充滿爭議，但是所有正統的「經濟學家」都認為這種爭論沒有什麼價值。

如果我們允許凱因斯主義者們牢牢控制著多個經濟部門、金融部門以及投資銀行，那跟我們委託占星師而不是天文學家測量天體的運行速度是一樣的。（是的，衛星曾經撞擊過小行星，但那只是一次不期然的偶遇，是一次美麗的意外！）

這種情形讓人哭笑不得的地方在於，無論經濟學家們多少次徹底搞砸了自己的任務，無論有多少支火箭還沒有離開發射台就爆炸了，這些責任重大的人物沒有一個質疑過自己處理問題的方式。

一般人慢慢明白了，其實這些經濟學家們根本不知道自己在說什麼，但大多數人還是想當然地認為經濟領域的確太大了，並且充滿風險，毫無邏輯可循，即便是教育程度最高的人也不可能擁有預

知一切的能力。

　　但是，如果我告訴你凱因斯主義者們所推崇的經濟二元性根本就不存在，會如何呢？如果經濟學比他們所說的簡單得多，又會如何？如果對母鵝有益的東西對公鵝也一樣，會怎麼樣？如果一個家庭乃至一個國家不可能靠花錢實現繁榮，又會怎麼樣？

　　很多人熟知我曾對 2008 年的經濟衰退做過精準的預言，他們認為我的智慧決定了我的遠見。我可以向你保證，大多數經濟學家連自己身邊的資產泡沫都看不到，而我並不比他們聰明。我具備的是對經濟學基本原則全面而深刻的理解。

　　我的確具有這個優勢，在我還是個孩子的時候，父親就為我準備了一個簡單的工具包，裡面的工具可以幫助我認清經濟的真實面目。這些工具以故事、寓言以及思考實驗的形式出現，本書就是以其中一個故事為基礎展開的。

　　我的父親艾爾文・希夫（Irwin Schiff）擁有一定的知名度，他與反對聯邦所得稅的全美運動有著千絲萬縷的聯繫，他堅定認為所得稅的強制實施違反了美國憲法中與稅收相關的三項條款、第十六次憲法修正案以及稅收法律的有關規定，並在超過 35 年的時間裡持續不斷地反對美國國稅局的做法。他曾經就這個主題寫過很多

書，也曾在法庭上公開挑戰聯邦政府。他為這些舉動付出了沉重的代價，直到 86 歲高齡時還被關押在聯邦監獄中。

但是在將自己的關注點轉向稅收之前，艾爾文·希夫已經是一位頗有名氣的經濟學家了。

艾爾文·希夫於 1928 年出生於康乃狄克州紐哈芬市一個下層中產移民家庭，是家中的第八個孩子。他的父親是一名工會會員，整個大家庭都是「羅斯福新政」的狂熱支持者。1946 年，歐文進入康乃狄克大學學習經濟學；以他的家庭背景和性格，沒有人相信他會摒棄居於統治地位的正統經濟學觀念，轉而堅決支持過時的奧地利學派的觀點——但是他卻實實在在這樣做了。

艾爾文總是有獨到的想法，加上對自己充滿信心，他總感覺自己所學的東西與現實生活有些脫節。他深入研究了所有經濟理論，廣泛涉獵了亨利·赫茲利特（Henry Hazlitt）與亨利·格雷迪·韋弗（Henry Grady Weaver）等自由思想家的著作。儘管艾爾文的轉變是循序漸進的（經歷了 1950 年代整整 10 年的時間），但他最終成為健全貨幣、有限政府、低稅收和個人責任的狂熱信仰者。1964 年，艾爾文滿腔熱情地支持貝利·高華德（Barry Goldwater）競選美國總統。

在 1944 年的布列敦森林會議上，美國說服了全球很多國家支持美元取代黃金的做法。由於美國保證 35 美元兌換 1 盎司黃金，這個計畫得到了廣泛贊同，美國也因此擁有了世界上 80% 的黃金。然而，聯準會中信奉凱因斯主義的貨幣管理者造成長達四十年的通貨膨脹導致與美元直接掛鉤的黃金價格嚴重下跌，這種錯位的現象造成了眾所周知的「黃金外流」。1965 年由法國帶頭，許多國家紛紛以美國聯邦儲備券（即美元）兌換黃金，並以 1932 年的黃金價格從美國手裡買走了大量黃金，使得美國的黃金儲備迅速減少。

1968 年，詹森總統的幾位經濟顧問聲稱那次黃金外流並非由低價出售的誘惑力所致，而是因為外國政府擔心美國的黃金儲備不足，無法支持本國所持有的流通貨幣，也無法與外幣進行兌換。為解決這個令人焦慮的問題，詹森總統的眾多金融專家紛紛獻計，建議將法定用於支持本國美元的 25% 黃金儲備轉為外國美元持有者的備用儲備，他們認為這項額外的保護措施將會安撫外國政府，阻止黃金的繼續外流。當時的艾爾文只是康乃狄克州紐哈芬市的一個年輕生意人，他對政府這種做法十分不解，覺得他們的觀點非常荒唐。

艾爾文給德州參議員約翰・托爾（John Tower）寫了一封信，托爾當時是黃金問題評估委員會的成員。艾爾文在信中說，美國政

府面臨兩種選擇：要不強行摧毀現行的價格結構，將金價恢復到1932 年的水準；要不調高金價，與 1968 年持平。換句話說，要調整凱因斯主義導致的長達四十年的通貨膨脹，美國政府必須做出選擇，要不緊縮通貨，要不讓美元貶值。

儘管艾爾文認為通貨緊縮或許是重振美國經濟最有效的做法，因為通貨緊縮可以使美元恢復購買力，但他覺得經濟學家們錯誤地將價格下滑當作災難，而政府天生具有通貨膨脹的偏好（本書將對此進行論述）。出於這些考慮，他認為當權者至少要承認此前的經濟下滑，並且降低美元對黃金的價值。在這樣一個方案中，艾爾文覺得黃金的價格必須達到每盎司 105 美元。

艾爾文還擔心另外一種可能性更大也更危險的選擇：政府不作為（其實這也正是政府的選擇）。當時的選擇是，究竟是面對現實解決問題，還是將問題留給下一代人；當權者選擇了將問題留給下一代人，而我們就是那下一代人。

托爾對艾爾文論證問題的基本邏輯印象深刻，他邀請艾爾文為黃金問題評估委員會全體委員做報告。在這次聽證會上，來自聯準會、美國財政部以及國會的高級貨幣專家們都證實，與黃金脫鉤將會增強美元的購買力、降低金價，引領美國進入一個繁榮發展的階段。

在其證詞中，艾爾文卻堅持認為美元與黃金脫鉤會導致金價飛漲。更重要的是，他還警告說，一種沒有任何內在價值的貨幣會導致大規模通貨膨脹以及無法持續的政府負債。但在當時，這種少數派的意見完全被忽視了，美國政府取消了金本位制。

與經濟學家們的預期相反，額外的儲備未能阻止黃金的外流。最終，美國總統尼克森於 1971 年徹底切斷了美元與黃金的聯繫，從此以後，全球經濟體系完全建立在沒有任何價值的美元之上，接下來的 10 年裡，美國經歷了史上最嚴重的通貨膨脹，黃金價格直逼每盎司 800 美元的天價。

1972 年，艾爾文在其著作中展開了對凱因斯主義經濟學的首次全力攻擊。在書中，他指出凱因斯經濟學將美國引向了一條不可持續的經濟發展之路。這本名為《*The Biggest Con: How the Government Is Fleecing You*》（直譯：最大的騙局：政府是怎樣欺騙你的）的著作贏得了廣泛的讚譽，銷量也相當可觀。書中有很多有趣的故事，其中有一個故事講的是三個人在一座小島上徒手捕魚的事。

這個故事是艾爾文在一次全家開車出遊時為了消磨時間講的。當時堵車，他想給兩個年少的兒子講點兒經濟學的基本知識（任何

男孩都會對此感興趣）。為了讓兩個兒子開心，他總會講些有意思的故事，而這次講的就是「魚的故事」。

這個故事構成了《最大的騙局》書中其中一章的主要內容。大約 8 年之後，由於眾多讀者反映非常喜歡他寫的故事，艾爾文決定將這本書改版為有插圖的書，書名為《*How an Economy Grows and Why It Doesn't*》（直譯：經濟增長模式與停滯的原因）。這本書於 1979 年首次發行，受到了奧地利學派追隨者的狂熱追捧。

30 年後，我看著美國經濟垂死掙扎，看著美國政府不斷重複和加深過去的錯誤，此時，我的弟弟和我覺得要為新一代修改並更新「魚的故事」，現在正是最佳時機。

當然，現在人們最需要的是瞭解經濟的真實情況，而這個故事是我們所知道的最佳工具，它可以幫助人們更好地瞭解是什麼在推動經濟的運行。

我們這個版本的故事在很多方面比我們的父親艾爾文 30 年前的那個版本更富有雄心，我們的視野更寬；為使故事與歷史脈絡銜接自然，我們付出了更大的努力。事實上，我們的故事應該說是在父親那個故事基礎上的即興發揮。

聽到經濟學家們喋喋不休地談論與現實生活看似毫無關聯的概

念時，有些人會不知所云，我們希望這本書能夠吸引這些讀者。我們打算證明凱因斯主張的經濟模式（政府相信沒有價值的貨幣可以作為有效的經濟潤滑劑，並不加證實地採納了這個模式）是錯誤的，而且是危險的。

可惜，所有的經濟學家都忘記了他們正戴著玫瑰色眼鏡。當你摘下他們的眼鏡時，就會清晰地看到我們的國家正面臨著很多嚴重的問題，而我們非但沒有使形勢好轉，反而使它變得更加糟糕。幸運的是，如果我們重新理清思路，我們至少還有機會努力解決這些問題。

本書的主題非常嚴肅，但在這個壓力巨大的時代，我們選擇了一種幽默的方法闡釋這個主題——這也是我們的父親歐艾爾文的願望。

彼得・希夫　2010 年

# { 寫在前面 }

在這個關於美國經濟史的寓言故事中，讀者會遇到很多似曾相識的人物與事件。但是，要將這樣一個錯綜複雜的故事濃縮為一部漫畫式作品，只能進行粗線條的描述。

除了特定歷史人物的輝煌成就之外，故事中的人物代表著更廣泛的概念。例如，伯南柯的原型很明顯是聯準會主席柏南克（Ben Bernanke），但故事中伯南柯的所作所為卻不只單純指柏南克本人的做法，他其實是所有主張高通貨膨脹率的經濟學家的代表。

在現實生活中，美國聯邦儲備券在小羅斯福當選總統前 20 年就已經出現了。但考慮到他有花錢的嗜好，於是我們決定將這一創新歸功於他；當美國參議院銀行委員會前主席克里斯‧杜德（Chris Dodd）還是個孩子的時候，房利美（美國聯邦國民房貸協會）就已經存在了，但是因為他多年來對該公司的扶持，在我們的故事裡，我們賦予他公司創始人的身份。還有，儘管本書提到的那些外國島嶼基本上都與真實的國家相關，但這些島嶼也是所有國家的化身。我們對某些歷史事件及人物經歷進行了藝術處理，請您多多包涵。

第一章

# 一個好點子出爐了

## An Idea Is
## Born

從前從前，有三個人——艾伯、貝克和查理，他們住在一座島上。這座小島地處熱帶，卻不是天堂；這裡的人們生活艱苦，沒有任何奢侈品，而且食物的種類極少，他們的菜單上只有一道菜：魚。

幸運的是，小島周圍有數量可觀的魚，但這些魚全部屬於同一品種，每條魚都很大，足夠一個人吃一天。然而，這個地方遺世獨立，人類先進的捕魚技術這裡一種都沒有。他們能做的只有跳進水裡，用手去抓住那些又黏又滑的傢伙。

運用這種低效率的技術，每人每天只能捕到一條魚，只能幫他們挨到第二天。捕魚成了小島經濟的全部，他們每天的活動就是醒來、捕魚、吃魚、睡覺。雖然生活不算愜意，但總好過忍饑挨餓。

因此，在這座生活超級簡單、只有生魚片可吃的小島上——

**沒有存款！**

**沒有借貸！**

**沒有投資！**

所有的產出全都消費掉了！沒有未雨綢繆，沒有多餘的財物可以借出。

雖然這座小島上的居民過著一種原始的生活，但這並不表示他們愚笨遲鈍或者沒有追求。與所有人一樣，艾伯、貝克和查理也想

提高自己的生活水準，但是要實現這個夢想，他們每人每天捕魚的數量就必須超過一條。不幸的是，由於他們只能徒手捕魚，而那些魚又很機敏狡猾，三個人只能勉強糊口。

一天夜裡，仰望著繁星點點的夜空，艾伯開始思索自己生活的意義……「難道我的日子就這樣了嗎？肯定有比現在更舒心的日子。」

除了捕魚，艾伯還想做點兒別的事情。他想做幾件更好、更時尚的棕櫚葉衣服，他想要一個遮風擋雨的住所，當然他還想執導幾部劇情片。但他每天忙於捕魚糊口，這些夢想如何成真呢？

他的大腦飛快運轉著……突然他想到了捕魚器，這個物件可以在很大程度上擴大人手可觸及的範圍，並且使魚溜掉的機率大大縮小，只要一捉到，魚就很難逃脫；有了這個新裝置，他就能在較短的時間裡捕到更多的魚了！而那些閒置時間，他就可以用來做更好的衣服、建個住所，最後再拍部影片。

　　艾伯在頭腦中勾勒著捕魚器的輪
廓，想著想著就激情澎湃。他構想出
一個不再受捕魚之累的未來。

　　他決定給自己的捕魚器取個名
字，叫作「漁網」，然後開始找材料
織這張網。

　第二天，貝克和查理注意到艾伯沒有捕魚，而是坐在沙灘上將
棕櫚樹皮搓成繩子。「你在幹什麼呢？」貝克問，「難道在減肥嗎？
你要是老坐在那兒弄那些繩子，會挨餓的啊。」

艾伯解釋說：「我突然有個靈感，想做個捕魚器，這樣就可以嘗試捕魚的新方法了。有了這個捕魚器，捕魚的時間就能縮短，再也不會挨餓了。」

查理嚇得眼珠直轉，他想自己的朋友肯定是瘋了。「你瘋了，這樣做，我告訴你……瘋了。要是你這捕魚器不好用，可別哭著來跟我要魚吃，一片也別想。我頭腦清醒，但這並不表示我會為你的瘋狂做法買單。」

艾伯沒有被查理的話嚇倒，仍然繼續織網。

到這一天結束時，艾伯終於織完了自己的漁網。藉由自我犧牲（挨餓），他創造了資本。

### 故事引申

在這個簡單的任務中，艾伯向我們展示了一個基本的經濟原則，這個原則可以提高人們的生活水準：消費不足，敢於冒險！

消費不足：為了織網，艾伯就不能去捕魚。他必須

放棄當天的所得，放棄那條本來可以捕到、吃到的魚。

他這樣做並不是因為他不需要魚，事實上，他愛吃魚，而且如果那天沒有捕到魚，他就會餓肚子。他對魚的需求與他的兩個朋友沒有什麼不同。他選擇暫時延遲消費（吃魚），是為了將來消費更多的產品（捕到更多的魚）。

冒險：除了消費不足，艾伯還需要冒險，因為他也不知道自己做的捕魚器到底好不好用。自己花費了一天的時間餓著肚子辛苦勞動，卻不知道這東西究竟能不能補償所失。最後的結果很可能只剩一把繩子和一個餓扁的胃。如果這個想法失敗了，艾伯不能指望貝克和查理給自己任何補償，因為他倆早就警告過他這樣做很傻。

在經濟學術語中，資本指的是一種設備，這種設備的建造和使用本身沒有什麼意義，其意義在於利用設備建設和製造其他被需要的東西。艾伯想要的不是那張網，而是魚。這張網或許可以給他帶來更多的魚。因此，這張網就是一種資本，是有價值的。

那天晚上，當貝克和查理吃飽睡大覺時，艾伯卻只能在腦海中想像著美味的魚肉來對抗難忍的饑餓。然而，饑餓帶來的痛苦並不能澆滅他對未來的希望。他希望自己的選擇是正確的，希望自己有一個光明的未來，希望那時有吃不完的魚。

　　第二天，貝克和查理對艾伯的發明嘲笑了一頓。貝克說：「嘿，這頂帽子看上去不賴啊。」

　　查理說：「就是戴著打網球有點兒熱，你說呢？」

　　「你們就笑吧！」艾伯回應道，「等著瞧吧，等我的魚多得沒處放時，看看那時笑的是誰。」

艾伯拿著漁網朝海浪衝去。他對如何使用這個奇怪的漁網還不得要領，因此不斷遭到兩個朋友的嘲笑。

但是幾分鐘後，他找到了竅門，很快就捕到一條魚。

貝克和查理不再笑了。在接下來的一小時裡，艾伯又捕到了第二條魚。兩個夥伴驚嘆不已，畢竟，他們通常一整天才能抓住一條魚！

從這樣一個簡單的行動開始，這座小島上的經濟開始發生巨大的變化。艾伯提高了生產力，這對每個人而言都是好事。

艾伯現在還在考慮他突然間得到的恩惠：「既然我一天捕到的魚可以吃兩天，那麼我可以利用隔天休息的時間做點兒別的事情，可做的事情太多啦！」

## 故事引申

艾伯的生產力提高了一倍，現在他生產的東西多於自己需要消費的東西。生產力的提高帶來了許多益處。

在艾伯孤注一擲去編織漁網之前，小島上還沒有什麼儲蓄之所。他決定冒險挨餓製造的這張網成了小島上的第一件資本設備。這件設備接著會帶來儲蓄（為了讓這個故事能夠繼續進行，我們假設這些魚不會腐爛變質），而這種剩餘產品就是健康經濟的命脈。

# 現實連結

　　對所有物種而言（人類除外），經濟學其實可以簡單理解為日常生存活動。食物短缺、天氣惡劣、肉食動物的威脅、疾病的困擾、發明相對較少、忍饑挨餓地活著（有一點剩餘時間進行再生產），這是所有動物的生存常態。所幸我們人類擁有兩樣東西——我們的大腦和靈巧的雙手，否則我們的命運跟那些動物不會有什麼分別（在不太久遠的過去，我們跟牠們是一樣的）；靠著大腦和靈巧的雙手，我們製造了工具和機器，改造環境的能力大大提高。

　　經濟學家湯瑪斯・伍茲（Thomas Woods）喜歡用一個簡單的思考實驗測試學生：如果所有的機器和工具都不復存在，我們的經濟會是什麼樣子？汽車、拖拉機、煉鋼爐、鏟子、手推車、鋸子、斧頭、長矛等，如果這些東西真的全都消失了，我們所有的消費品都要靠自己的雙手獵取、採摘、種植和製作，那會是什麼樣子？

　　毫無疑問，那樣的生活肯定很艱苦。如果我們必須赤手空拳地制伏獵物，將其作為食物的話，想像一下那該有多艱難吧！以我們的能力根本不可能逮住大傢伙，兔子或許還有可能——但你總得先抓住牠們啊。如果我們必須用手種菜、摘菜，如果我們連裝糧食的麻袋都沒有的話，又會怎樣？設想一下，如果沒有工廠，我們必須

　　自己縫衣服、做家具，而且連最起碼的剪刀和釘子都沒有，那又會怎樣？

　　儘管我們有智慧，但我們過得可能並不比黑猩猩和猿猴好多少，至少從經濟方面來看是這樣。

　　工具改變了一切，使經濟的出現成為可能。長矛幫助我們捕獲獵物，鏟子幫助我們種植作物，漁網幫助我們捕魚；這些工具提高了我們的勞動效率，我們生產的東西越多，可以消費的東西就越多，我們的生活也就變得越美好。

　　努力使有限的資源（每種資源都是有限的）產生最大的效益以盡可能滿足人類的需求，這就是所謂經濟學最簡單的定義。工具、資本以及創新就是實現上述目標的關鍵。

　　牢記這一點，我們就很容易理解經濟增長的原因：找到了生產人類所需物品的更好方式。不管一個經濟體最後變得多麼強大，這個原因是不會改變的。

# 第二章

# 把財富分享給別人

## Sharing the Wealth

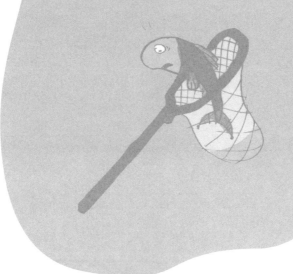

艾伯，那個企業家，看起來前途一片光明。但是，小島上另外兩個人的情況又如何呢？我們是不是創造了一個貧富分化的階級體系？貝克和查理會因為艾伯的成功而受害嗎？不大可能！雖然艾伯從來沒有刻意使他人受益，但他的資本無疑幫助了島上的所有人。我們來看看這是怎麼回事。

親眼見證了艾伯輕鬆捕魚的整個過程，貝克和查理希望艾伯能分享新發明的捕魚器。

「嘿，艾伯！」查理說，「既然那玩意兒你隔天才用一次，那你不用的那天，讓我用用行吧？」

貝克說：「喂，老兄，有福同享啊。」

但是艾伯還對昨天的事情耿耿於懷，他還記得自己的犧牲……他還記得他們倆的嘲諷，而且他還想到了風險：「如果他們把我的

漁網弄破了怎麼辦？如果他們不還我怎麼辦？那我就要從頭再來了。再見，穿樹葉的哥兒們！」

　　想到這些，艾伯拒絕了兩人的要求。「對不起，哥兒們。我自己做了漁網，你們倆肯定也能自己做，至少你們現在知道那東西是有用的，對吧！」

　　儘管查理已經看到用漁網捕魚的效率，但他很擔心自己能不能編織出這樣一張網。

他對艾伯說：「我怎麼知道自己能不能編織出來？我以前從來沒做過這樣的東西，而且我也挨不了餓。我怕自己織好網前就餓死了！」

貝克提出了另外一個建議：「好吧，你這個吝嗇鬼，看來你是不會幫我們什麼忙了，我們知道了。你看這樣行不行，我們編織漁網時，你把多餘的魚借給我們吃，那樣我們織網時就不用挨餓了。等我們捕到多餘的魚，再把魚如數還給你。」

儘管艾伯覺得這個辦法比白白把網借給他們要好，但他還是不放心。「如果我把魚借給你們，怎麼保證你們不會躺在沙灘上一整天都不幹活呢？即使你們織出自己的網來，也許還不好用呢。如果那樣，你們就永遠無法還我魚了，而我失去了自己的儲蓄，一無所有了！你們總得想一個更好的辦法。」

查理和貝克這才明白，他們讓艾伯冒險把魚借給自己，卻沒有考慮到他的個人利益。但是捕到更多魚的誘惑太大了，所以兩人很快就想到了一個辦法，讓艾伯忍不住冒險一試。

他們在數字上動了很多腦筋，於是金融思維終於誕生了！

貝克走近艾伯，說道：「我們做個約定吧：你借給我們一條魚，我們會還你兩條，這可是百分之百的利潤啊！除了這座小島，你到哪兒能找到這樣的高報酬？」

艾伯動心了。「我對這個約定很感興趣！」他的語氣中沒有任

何遲疑。

　　艾伯想到了那些財富：「如果我借給他們兩條魚，就能收回四條，也就是說，我什麼都不用做就可以得到兩條魚，那我豈不成了一個魚老闆啦！」

　　也許有些人覺得艾伯有些過分了。如果這個故事是一部好萊塢電影，他這時肯定會得意地捻著自己上了蠟的鬍子。他這是在竊取別人的勞動成果，靠別人的辛苦勞動獲利啊！

　　但是這樣評論艾伯是不恰當的，因為即便艾伯的動機只是想賺些魚，他的貪婪也可能帶來一些意想不到的益處。

　　有一點很重要，我們要知道艾伯並不是一定要把魚借給別人，他還有其他方案，包括以下四個選擇：

1. 他可以把魚留下，留著以後自己吃——這是最保險的選擇。這樣一來他不會有任何損失，當然他的儲蓄也不會有什麼增長。

2. 他可以放縱一下，不再幹活，將自己的儲蓄（存下的魚）消費掉。

3. 他可以建立自己的漁網出租公司。如果艾伯有兩天各吃一條之前存下來的魚，這兩天就可以再編織出兩張網。

然後，他可以把多餘的網租給貝克和查理，向他們收取每人每天半條魚的租金，這樣艾伯每天不必親自捕魚就可以得到生存所需的那條魚了。哈哈，提前退休！

在這個方案中，貝克和查理每天也許能用租來的漁網捕到兩條魚。在向艾伯支付半條魚的租金之後，他們每人每天還剩下一條半的魚，比他們沒有漁網時捕到的魚多 50%，算是雙贏的買賣了。

儘管這個方案很吸引人，艾伯還是注意到了其中的邏輯缺陷。貝克和查理租借漁網的時間可能只有兩天，接下來的一天就用存起來的一條魚果腹，就有時間織出自己的網。如此一來，他能得到的魚就只有兩條，那可真夠冒險的！

　　4. 他可以把兩條魚借給貝克和查理，收取 100% 的利息。在這個方案中，如果兩個人按照約定利率足額償還，艾伯就可以得到 四條魚。但是這個方案也存在風險，他們可能會翻臉不認帳。

　　抉擇……抉擇……艱難的抉擇！

　　總的來說，艾伯（以及這個社會）處理儲蓄（魚）的方式只有五種：

1. 他可以把儲蓄存起來。

2. 他可以把儲蓄消費掉。

3. 他可以把儲蓄借出去。

4. 他可以用儲蓄投資。

5. 他可以嘗試將上述四個方式結合起來。

毫無疑問，艾伯的最終決定取決於個人對風險和報酬的偏好。但不管最終方案是什麼，他的抉擇都會惠及這座小島的經濟，而且也不會給自己的兩個鄰居增加負擔。

最後，艾伯選擇把魚借出去。

## 故事引申

艾伯願意並有能力把多餘的魚借給別人，因此貝克和查理也擁有了自己的漁網。現在大家都有漁網可用了，小島上的整體捕魚能力便從每天三條魚提高到每天六條魚，經濟增長翻倍，前景更加光明。

但事實並非如此，因為這三個人對自己頗具侷限性的生活方式感到不滿。饑餓（其經濟術語為需求）只是刺激經濟增長的必要而非充分條件。

　　追求更多是人類的本性，不管已經擁有什麼，我們總是想要更多，也許不是想要更多的東西，而是更多的時間、更多的樂趣、更多的選擇，所有這些需求都需要資本。艾伯、貝克和查理這些年來對魚的問題可能都沒少抱怨，但他們最後都成功地提高了生產力，滿足了自己的需求。

　　有了多餘的魚，小島上的幾位居民每天終於可以比原來多吃一些魚了（原來是每天一條魚），但是經濟並沒有增長，因為他們的消費增長了。而他們的消費之所以增長，是因為經濟增長了。這個道理很簡單，但令人不解的是現代經濟學家竟然會在這個簡單的問題上糾纏不休。

大多數經濟學家認為，給老百姓更多的錢花就可以增加需求，但是這種做法並不能改變真正的需求，只會使人們花更多的錢購買已經生產出來的商品。只有增加供給才能切實滿足人們更多的需求。

　　當然，有人也許並沒有清楚地看到其中的共同利益。看到艾伯猛增的財富，如果貝克和查理心生嫉妒，強烈要求分得他的部分儲蓄該怎麼辦？

設想一下這個場景：

貝克煩躁地說：「看看那傢伙穿著棕櫚葉做成的小禮服那副得意的樣子。我們每天一身臭汗風裡來浪裡去地跟那些滑頭的魚鬥爭，他卻沒有一點兒善心！他就不能分給我一兩條魚，哪怕讓我休息一天也好啊！他的魚多得堆成山，少一條也沒什麼啊！」

查理附和說：「分給我一點吧，貴人！」

或者再想想下面這個場景：

假設艾伯對自己的相對財富有些罪惡感，聽了兩個人的說法後思想動搖了，於是無償地把魚分給了他們，那麼貝克和查理會怎樣處理這些魚呢？

沒有了還款的壓力，兩個人最有可能做的是利用這份禮物享受閒暇時光。這樣做並沒有什麼錯（事實上，這也是大多數人類行為的目標），但是貝克和查理的假日時光並不能提高這座小島的生產能力。因此，儘管慈善之舉聽起來頗有雅量，也會提升艾伯的人氣，但這一舉動卻無法像商業貸款一樣推動經濟發展。

最根本的是，所有能夠增加捕魚（生產）量的事物都會惠及小島，魚越多，大家就越有可能吃到更多東西，也就越有可能做捕魚以外的事情，或者他們可以什麼都不做。

## 故事引申

也許有人會想，如果艾伯真的變成一個貪心的人，拿著自己的新財富錢滾錢，從而變得越來越富有，那會怎麼樣？

這樣真的不好嗎？如果艾伯增加儲蓄（而不需要親自勞動）的唯一途徑就是將這些儲蓄借給自己的鄰居的話，他何必大量囤積呢？

因為若非如此，他的財產不僅不會增加，甚至還會越來越少，因為他自己也要消費呢！私人資本主義最大的好處是可以促使那些只受到個人利益驅動的人，願意幫助他人提高生活水準。

## 現實連結

　　財富從來就是一個相對的概念。在原始社會，財富是極少的，那時最富有的人所擁有的物質財富還不如工業化社會中窮人的財富多。在中世紀，即便是至高無上的國王也缺乏基礎的娛樂設施，而在今天的美國，中央空調、室內水管以及冬天裡新鮮的蔬菜等幾乎是人人都能享受的。儘管貝克和查理認為每天吃兩條魚簡直奢侈到了極點，可在我們看來，這種生活絲毫不值得羨慕。

　　但令某些人吃驚的是，財富是分等級的，而且這個事實本身就不公平，他們認為富人之所以富有，是因為富人攫取別人的財富，並由此產生了窮人。在現代經濟學中有一個理論認為，利潤是藉由少付工人工資產生的，有人稱之為「勞動價值論」。這樣看來，像艾伯這樣的企業家或類似的大型公司要想致富，只能先讓別人變窮。

　　上述理念與道德取捨息息相關，但與現實沒什麼關聯。富人致富的原因（至少開始時）是他們為他人提供了有價值的東西。艾伯就為那些沒有足夠儲蓄的人提供了儲蓄，如果他有賺錢，是因為他提供的服務對別人來說是有價值的。

　　如果艾伯是一個無賴，每天所做的就是竊取鄰居一半的勞動

成果，那麼他的財富就是建立在那些受其壓迫的人的貧窮之上。這種做法可能會迫使他人做一些損害自己利益的事情，而不會增強這座小島的整體生產能力。艾伯可能會直接拿走別人生產的東西，而島上的產量並沒有任何變化，不僅如此，他們的整體產能還可能下降，因為當被壓迫階級發現自己的勞動果實被人偷走時，就會縮減自己的勞動量。

歷史上，此類事例並不少見，奴隸制、農奴制以及佃農制都屬於這一類型，當勞動者的利益受到損害時，他們就會奮起反抗壓迫，如果他們的勞動惠及自身的話，這種反抗會更加強烈。

不幸的是，爭取充分經濟自由的實例在世界歷史上還很罕見。不過，一旦利己主義得到發展機會，生產能力就會迅速提高。

信用貸款的使用就是經濟自由惠及百姓的最佳例證。只要貸款人和借款人可以自由地達成協議，總體效果就是好的。然而，在接下來的故事我們會看到，借貸市場會受到外力扭曲，如果出現這種情況，災難便在所難免了。

第三章

# 信用貸款的多種用途

## The Many Uses
## of Credit

如前所述，艾伯決定把魚借給貝克和查理，這樣他們兩個人就可以編織漁網了。這種商業貸款是資本的最佳用途，因為這樣可以擴大生產。

　　當然，透過借錢或借魚的做法創業，無法保證企業一定會成功，因為借款人可能無法完全實現自己最初的計畫。

　　也就是說，查理和貝克如果不能成功地編織出自己的漁網，艾伯借出的魚就要不回來了。

在很多案例中，企業失敗的原因在於沒有意識到事先應當做好所有約定。假設貝克和查理不是把向艾伯借魚省出來的時間來織網，而是利用這些時間研發對魚群實施催眠術的技術，情況可能會大不相同。

如果他們研發的技術無效，這項貸款就無法使借款人查理和貝克受益，而放款人艾伯也得不到任何好處。

最糟糕的情況是，貸給不賺錢企業的那些款項浪費了社會儲蓄，降低了生產力，結果讓放款人連本金都很難收回，更不要說利息了。

但是實施順利的商業計畫能夠彌補那些實施不利的計畫造成的損失。

因此，很重要的一點是，你要知道商業貸款並非社會儲蓄的唯一選擇，艾伯還可以選擇其他貸款形式──消費貸款和緊急貸款。

## 故事引申

　　一旦外部力量（比如政府干預）以各種理由鼓勵或者要求儲蓄者借出款項，而不考慮實際還款的可能性，這時放款人就難免要承受較大的損失，這種有違常理的做法只會浪費社會儲蓄。

　　各國政府滿腔熱情要做點好事，總想用干預儲蓄借貸的方式；政府制訂諸多法律，刻意使得某些貸款類型比其他類型更有吸引力。但是政府並沒有儲蓄，只有個人才有！假如在政府的激勵之下，貸款都流向了那些最終無法還款的個人或者企業（他們的確經常無力還款），那麼這些損失就要由那些犧牲自身利益創造儲蓄的個人來承擔了！

　　事實上，如果艾伯是被迫放貸，而他又認為這筆貸款頗有風險，比如用於魚類催眠術之類的情況，那麼他一開始就會很不情願這樣做，他可能會因此決定不再那麼努力工作，或者不再為了儲蓄而犧牲那麼多！

# 消費貸款

假設艾伯不是把魚借給貝克和查理，讓他們去織自己的網，而是滿足兩人的借款需求，讓他們因此可以去度假，情況就會有所不同。

貝克會說：「嘿，捕魚大王，你別在那兒數魚了，還是借幾條魚給我和我的兄弟查理，我們一兩天就還你。不是只有你一個人有權享受悠閒的生活，再說，我們又不是不還你。」

「相信我，我知道捕魚是件多麼辛苦的事。」艾伯答道，「但是別忘了，如果我借給你們一條魚，你們還是要還我兩條，補償我承擔的風險。」

「小事一樁，魚王！」查理回嘴說，「假期過後我們就休息好了，就能比以前捕更多的魚，我們會連本帶利還你的。」

　　但是，如果貝克和查理不提高自己的生產能力，他們又怎麼能連本帶利地歸還貸款呢？在休息幾天之後，他們還是每天只能捕到一條魚。為了還艾伯的魚，他們以後每天就要減少自己的食量；為了償還貸款，他們將不得不降低自己的生活水準。

　　艾伯知道很可能會出現這個結果，於是試著跟他們商量：「我說啊，你們為什麼要現在借魚，將來又餓著肚子還魚呢？其實你們可以現在做些犧牲，挨一天餓給自己織張網，這樣將來就有保障了，隨便什麼時候想休息就休息，這樣不是很好？」

「聽著！」貝克和查理說道，「別說這些廢話了，快把魚給我們拿來！」

艾伯應該拒絕貸款給他們，因為這筆交易不僅會讓他的儲蓄承擔不必要的風險，而且會導致他的資本無法產生更多的生產性貸款。如果艾伯承受住他們的冷嘲熱諷，就相當於規避了未來的風險，因為消費貸款如果不能提高產能的話，這筆貸款無論是對放款人還是借款人來說都是一種負擔。

## 緊急貸款

事實證明，艾伯拒絕貸款給貝克和查理作為「假期」（消費）之用是極其明智的。一周之後，兩人都生了一種奇怪的水痘，雙雙病倒，一個星期都沒能去捕魚。

現在出現了緊急情況，艾伯可以從自己的儲蓄（魚）中拿出一部分作為紓困貸款，讓貝克和查理可以先吃借來的魚，等身體恢復了再出去捕魚。儘管艾伯很清楚這次的貸款血本無歸的可能性很

大，但他知道，如果不貸款給他們的風險更高。與消費貸款不同，如果艾伯不向貝克和查理提供這份緊急貸款，兩人很可能會喪命。如果真的發生這種情況，這座小島就失去生產能力了。

　　如果艾伯之前已經將自己的儲蓄作為沒有收益的消費貸款借出的話，這次就無法拿出這份緊急貸款了。

　　所以說，在社會面臨生死攸關之時，儲蓄便顯得至關重要。

## 故事引申

遇到經濟可能緊縮的情況時，政治家和銀行家常會討論是否需要「擴大信貸」，增加可借出的貸款數額。但是否可以隨心所欲地這樣做呢？在我們這些捕魚的朋友的案例中，艾伯合法借出的魚不會多於自己所儲存的魚，這座小島的貸款總額會受到島上所儲存的魚總量的制約。

為了促進許多政治人物和社會理論家眼中的有益活動，很不幸的，政府總會透過各種形式干預儲蓄的配置，包括政府貸款擔保、公司及個人稅收減免以及稅務罰款等。

有了這些干預手段，個人與企業也許更願意申請某些類型的貸款，而銀行也更願意批准這些類型的貸款，於是更多的社會資源便會投入這些受歡迎的活動中，比如住宅建設、大學教育以及太陽能板的生產。

這些政策的關鍵推動因素就是認為政府規劃者要比儲蓄者更清楚什麼有利於社會發展，但是並沒有證據表明事實就是這樣。實際上，歷史上充斥著各種浮誇的政策與方案，這些方案都是政府智囊團策劃的，最終全都沒有兌現他們的諾言。

更重要的是，政府介入儲蓄者和借款人之間採取的強制手段將借款的原因與結果割裂開來，使得儲蓄的分配效率極為低下。

影響個體放款人的往往是貸款的財務面結果，而不是活動隱含的政治象徵意義。那些遵循成功模式並由記錄良好的所有者經營的企業，還款率往往較高，因此這類型的企業更容易吸引放款人出借貸款。這與達爾文的觀點相似，即自然選擇催生了生命力更強的物

種，這種借貸法則催生出更加健康的企業和更加強勁的經濟。

　　如果財務狀況被視為次要因素，這種情況也就不存在了。貸給個人或企業的款項如果無法成功促成必要的創新或是提高產能，就會浪費儲蓄的供給，削弱整體經濟。

　　但我們在本書後面的內容中會發現，不斷擴大貨幣供應量的做法以及政府看似無限的負債能力掩蓋了一個事實——實際信貸是受有限儲備制約的。

　　現在人們多認為信貸市場的有效運作只需要有意願的借款人就好，然而與其他資源一樣，在發放貸款前必須先累積足夠的儲蓄才行。

第四章

# 經濟到底是如何
# 發展的

## Economic
## Expansion

幾周之後，艾伯、貝克和查理憑藉新織的網迅速捕到了大量的魚，他們開始每天捕兩條魚；由於每人每天只需吃一條魚，島上的儲蓄很快開始膨脹。儘管他們偶爾決定揮霍一下，一天吃兩條魚，但是在大多數情況下，他們對自己的勞動成果非常節省。

　　小島上的三位居民從天天捕魚的日子中解脫出來，終於有空去參加其他有創意、有意思的活動了。艾伯可以花些時間設計和製造更實用也更漂亮的棕櫚葉服裝；貝克採摘椰子，豐富了食譜也提升了廚藝；查理則蓋起了小島上的第一座小茅屋。

三個人的日子過得很順心，但是貝克認為他們還可以過得更好。他說：「既然我們可以用漁網擴大生產，那為什麼不能更進一步形成產業呢？」他開始想像製造一件更大更好的資本設備。

　　他草擬出一種結構複雜的捕魚器的生產計畫，這個捕魚器將徹底改變這座小島的經濟。這個發明是一個巨大的水下巨型捕魚器，有一個單向的門，不管白天還是晚上都可以不間斷地捕魚；是的，魚可以進來，但是出不去。如果這個巨型捕魚器管用，他們就再也不用親自捕魚了。

　　但是，貝克很快發現，單憑他自己的力量根本無法完成這樣一項複雜的工程，考慮到必需的材料、編織網、搭架子、建造等一系列工程實施問題，貝克認為只靠他一個人的儲蓄、體力和才智根本不可能完成這樣一項巨大的工程。

　　考慮到這些問題，貝克決定提議創立一家合夥公司，即三個人共創一家公司，克服暫時的困難，集中他們所有的儲蓄，拿出整整一周的時間來建造這個巨型捕魚器。

聽了貝克的計畫後，他們開始討論其中的潛在風險；跟艾伯的第一張網一樣，沒有人能保證這個計畫一定成功，即便計畫成功，那個新發明的玩意兒第一次入海時也很有可能被海浪沖得支離破碎，而且這一次他們的風險可不是損失一條魚，而是二十多條！

　　然而，他們對更多魚的需求最終戰勝了可能失去全部儲蓄的擔憂，三個人於是向著目標前進。

　　經過一番極為艱苦的努力，他們成功地建成了小島上第一個巨型捕魚器，這個設備果然不負眾望，平均每週能捕到二十條魚，而且毫不費力，除了幾次小修小補和維護之外，這個捕魚器幾乎是在自動工作。很快地，三人便擁有了大量的魚。

由於生產力的提高，島上的儲蓄迅速增加，於是三人很快又建了一個巨型捕魚器。

　　現在，有了這麼多魚，他們就能騰出時間實踐其他計畫了。查理製作了一塊衝浪板，開創了一項很酷的新式休閒活動。艾伯創立了一家服裝公司，不僅可以為自己製作衣服，還可以為所有想改變形象的小島居民提供服飾；在業餘時間裡，艾伯還開始策劃自己一個人的舞臺劇。

　　貝克則利用自己的閒置時間考慮小島上惱人的交通問題，開始設計島上的第一艘獨木舟和第一輛手推車。

這些豐富的活動說明了人類社會在農業發展之後所發生的變化：只有當我們能夠生產出額外的食物時，我們才有時間做其他事情。

## 故事引申

儲蓄不只是提高個人消費能力的手段，還是防止經濟受到意外因素影響的重要緩衝器，如果一場季風橫掃小島，把兩個巨型捕魚器摧毀了，他們該怎麼辦？儘管很多當代經濟學家將自然災害視為經濟的刺激因素，但實際上洪災、火災、颶風和地震等災害會破壞財富，降低生活水準。如果巨型捕魚器被徹底毀掉了，小島上的捕魚量就會下降，那麼艾伯、貝克和查理就又要忍饑挨餓地儲存漁貨以重建資本了。

請記住，一筆備用的儲蓄能防止經濟崩潰，而且可以迅速重建受損的資本。艾伯、貝克和查理三人繼續縮減消費進行儲蓄的做法非常重要，此乃未雨綢繆之舉。

## 現實連結

　　過去，美國以儲蓄大國著稱。在歷史上，美國居民每年都會將收入的 10% 甚至更多儲蓄起來。這種嚴格自律的做法幫助美國建立了龐大的儲蓄供應，為不斷推進的工業活動提供了金融支持，同時也幫助美國的家庭和社區克服意外的困難。

　　然而，近年來經濟學家們嚴重低估了儲蓄在經濟價值鏈中的重要性。事實上，在很多經濟學家看來，儲蓄就是一種累贅。凱因斯主義者認為儲蓄對發展不利，因為這種做法妨礙了貨幣流通，降低了消費（他們認為消費是促進經濟增長的重要因素）；政策制定者們受到這些觀點影響，制定出各種規則獎勵花錢的人，懲罰存錢的人。

　　結果，美國人多年來總是入不敷出。在自給自足的經濟中，比如小島經濟，根本不可能這樣做。但是在我們的現代社會中，貨幣流通跨越國界，印鈔機似乎具有無限魔力，一時得以欺瞞美國民眾，讓他們無法認清一個簡單的事實：我們的消費量不能超過生產量，我們的借款不能超出存款，至少不能長期這樣。

　　當 2008 年金融海嘯來襲時，政治人物和經濟學家們本能反射性地尋求各種方法，要讓消費者花得更多、存得更少。

　　他們的做法適得其反，為了消費而消費的做法沒有任何意義。

如果你花了 100 萬美元，除了空氣之外什麼都沒有買到，那會怎麼樣？對社會有什麼好處？這筆交易只會使出售空氣的人受益，他會把原本屬於你的那 100 萬美元拿走。用現代的經濟核算方法計算，比如以 GDP 衡量，這筆交易會被當作一次真實的經濟活動，會被算作價值 100 萬美元的增長。

但是購買空氣的做法不會推動經濟增長，空氣一直都在那兒；我們必須生產出什麼東西，才會使消費有價值。

消費只是我們用來衡量生產的尺度，因為所有生產出來的東西最終都是用於消費的。那麼消費有什麼實際意義呢？只要價格降得足夠低，即便是沒人想要的東西也可以賣出去。但是如果沒有生產，也就沒有東西可以消費了，因此生產是有價值的。儲蓄創造了資本，而資本使生產擴大成為可能，所以儲蓄下來的一美元對經濟產生的積極影響大於消費掉的一美元。對於這一點，你不必白費口舌向經濟學家或者政治人物解釋。

第五章

# 在魚被指定為
# 貨幣之後

## Prosperity Loves
## Company

在簡單的經濟社會中發揮作用的經濟法則同樣適用於複雜的經濟社會……

艾伯當初甘願做出自我犧牲來創造資本，也為島上的其他居民帶來了福祉。得益於艾伯精明的貸款計畫，島民製作了許多漁網，然後又利用生產力提高後所累積的資本製造更加有效的捕魚器。生產力提高以後，不僅食物變得更加豐盛、服飾變得更加美觀、交通變得更加便捷，而且人們也有了閒暇時間，衝浪運動開始風靡起來。

很快地，這種前所未有的奢華生活的傳說就流傳到了其他島嶼；那些島嶼上的人依然在徒手捕魚，根本沒有閒暇時間衝浪。為了追求更美好的生活，移民很快接踵而至。

生產率提高意味著這座島嶼可以養活更多的人，反過來，更多的人又促成了更加多樣化的經濟。一些新到的移民找到了操作巨型捕魚器的工作；另外一些移民向原住民借來多餘的魚，開墾土地，種植農作物——人們終於不用每天都吃魚了；還有人利用貸款進入其他商業領域。

島上多元化的經濟催生了很多職業，比如小屋建築工人、木筏製造工人、馬車製造工人，包羅萬象。

島上的食物和工具生產達到了很高的水準，一部分人不用生產物質資源也能生存，於是服務業應運而生。

為了改善食用魚的味道，一些島民發明了各種烹製魚肉的方法，其中大多數都需要添加香料並用火烘焙。這些大廚收費很高，富裕的漁民和小屋建築工人用魚換取他們用高超廚藝烹製的美食。

　　其他的服務性行業也很快發展起來了。衝浪的吸引力和社會效益得到了廣泛認可，因此查理的後代建立了一所衝浪學校。

　　隨著社會的發展以及商業和服務業的不斷延伸，人們需要一種交換的媒介，以支付給小屋建築工人、大廚和衝浪教練作為報酬。

到目前為止，島上實行的是以物易物，但是以物易物過程煩瑣、效率較低。製矛師可能需要大廚的服務，但大廚卻不需要一支矛；即便他們能各取所需，到底多少頓飯能和一支矛的價值相當呢？

　　為了改變這種雜亂無章的交易系統，島上需要新的交易物，這種交易物應該能用來交換任何物品且能被所有人接受。換句話說，島民需要貨幣。

　　有鑒於島上的所有人都吃魚，魚被指定為貨幣。

　　很快地，所有的工資和價格都開始用魚計量，因為人們仍然假設每天需要吃一條魚才能生存，所以一條魚的價值是多少，所有人心裡都有數，也就是說，島上的價格體系和魚的真實（或者固有）價格相關。

# 效率與通貨緊縮

在一個經濟體中，如果工人們有所分工，從事不同的商業和服務活動，其結果一定會比所有人都做同一種工作要好；分工能增加產量，高產量又能提高生活水準。

假設每個島民平均要花五天時間才能造成一艘獨木舟，再假設每個島民每天（使用漁網）可以捕獲兩條魚，也就是說每個島民必須放棄十條魚的收入才能造出一艘獨木舟。然而，我們假設有一個

叫「達菲」的人，他在伐木、搬運和木工技術方面略勝一籌，只需四天就能造出一艘獨木舟，那麼對他而言，與其像別人一樣捕魚還不如專門做獨木舟。如果他專門製造獨木舟的話會生活得更好，因為他只需放棄八條魚的收入，用這些時間製造一艘獨木舟，然後再以九條魚的價格把它賣掉，就可以從中獲利；分工以後，他的收入增加了。

因為達菲具有這些優勢，其他的島民花九條魚向他購買獨木舟
是划算的，因為他們自己製造獨木舟的話，就必須放棄十條魚的收
入；若向專業人士支付九條魚，他們可以省下一條魚。

但是，假設九條魚是個相當高的價格——畢竟能有多少人存有
那麼多的魚呢？獨木舟的價格太高了，只有最富裕的島民才買得
起。至於那些儲蓄不足的人在他們存到買獨木舟的費用之前，只好
游泳去捕魚。

假設達菲從事這項勞動多年以後，利用自己的積蓄製作了一些造船用的專門工具，就像他的老前輩艾伯那樣，達菲也透過省吃儉用得到了資本設備（工具）。

因為有了新的設備，我們假設達菲將工時縮短為兩天，效率提高了，每艘獨木舟只需要定價為四條魚就能達到收支平衡，而不是以前的八條。如果他把售價降為六條魚（原價九條魚），他每售出一條獨木舟就可以獲得更多的利潤（以前的利潤是一條魚，現在是兩條魚），同時產量也能翻一倍。

達菲提高生產率，受益的不只是他自己，還有島民。價格降低之後，更多的人買得起獨木舟，因此他的顧客群也擴大了。

由於生產率提高了（儲蓄、創新和投資的結果），獨木舟的價格便隨之下降，更多顧客能夠享受到擁有獨木舟的好處，昔日富人獨享的奢侈品也成了普通消費品。

## 故事引申

正如故事中所講的，價格下降並沒有損害達菲的利益。實際上，其他行業生產的產品價格也隨著生產率的提高而下降，達菲可以用賺得的魚買到更多的東西。

技術創新是個單向的過程，除非人們失去記憶，否則生產效率必然會越來越高，因此價格具有隨著時間推移而降低的趨勢。

持續下降的價格還會鼓勵島民儲蓄，因為他們知道現在的魚將來會更有價值。儘管聽起來可能有些瘋狂，不過省一條確實等於賺一條，這樣一來人們就願意儲蓄，也就有更多資本可用於貸款、資本投資、生產，最終帶來更多消費。

# 就業

由於社會發展得更加複雜，越來越多的島民決定為別人工作，以勞動換取報酬。

勞動的價值通常取決於勞動者所使用的資本，資本越優化，勞動的價值就越大。例如，付出同樣的勞動，你駕駛一輛推土機挖的坑要比你用鏟子挖的坑大得多，所以工作最好是盡可能利用最好的資本來做。

## 故事引申

儘管人們普遍認為最低薪資法規增加了底層勞工的薪資，但實際上，這類法規只是增加了這個人群的求職難度。如果一個員工能夠提供具有一定價值的服務，比如每小時價值 8 美元，那麼不管有沒有最低薪資的規定，雇主都會心甘情願地支付這筆費用；法律不需要對薪資負責，需要對此負責的是員工本人。但如果這位員工只能提供每小時價值 6 美元的服務，那麼在 8 美元的最低時薪規定下，這個人想謀得

一份工作是極其困難的，畢竟沒有哪位雇主願意虧錢雇用員工。這樣一來，最低薪資法規使得低技術勞工的工作機會越來越少。就業這件事就好比爬梯子，如果沒有機會踏上第一級階梯，那些低薪資的勞工也就無法獲得繼續向上攀爬所需的技能了，這種現狀使得許多人陷入生活拮据的窘境。那些將 6 美元時薪視為剝削的人在為自己的正義感而沾沾自喜，但大家想一想，在時薪 6 美元的情況下就業總好過在時薪 8 美元的規定下失業吧。

　　許多政客還喜歡自我標榜，認為自己促成了公平公正的工作環境，因為他們通過各類法規，要求雇主為員工提供強制休假、醫療保健、請病假以及休產假等各類權益，於是便居功自傲。但是在最低薪資制度下，使這些權益得以實現的是員工的生產力，而非那些法規，然而這些法規要求卻剝奪了員工的選擇權：他們本可在這些權益和更高的薪資之間做出選擇，如果那些政客不強制雇主為員工提供上述待遇的話，他們是有可能拿到更高薪資的。諸如此類的規定，外加其他由雇用或解雇員工導致成本及法律風險增加的規定，只會導致越來越多的低技術勞動力漫天要價，從而把自己趕出就業市場。

在自由社會中，所有居民都能判斷哪些資本能最大限度地實現勞動價值，除了那些出於某種原因依然選擇徒手捕魚的人以外（也許是出於藝術上的原因），每個勞動者都有三種選擇：

1. 省吃儉用，自製漁網。

2. 貸款購買漁網。

3. 為有漁網的人工作。

鑒於選項一需要餓肚子，選項二需要擔風險，大多數勞動者會選擇選項三：他們只需幫人打工，就能得到報酬。

比如，新來的移民芬尼根是個很強壯的男人，做漁民就浪費了他的天賦，所以他決定專做生魚搬運的工作；靠他強健的身體，芬尼根一天就能把 100 條魚從海灘運到人們家中，他收取總額的 2% 作為運費，一天能賺兩條魚。

　　莫瑞則利用貸款製造了一輛運魚車,他的運魚車公司成了芬尼根強勁的競爭對手。雖然莫瑞沒有芬尼根強壯,但是他利用運魚車每天能運送 300 條魚。因為他的生產率高,他只收取總額的 1% 作為運費,這樣他每天能賺三條魚;得益於他的資本,莫瑞的收費更低,但是賺取的利潤更多。

　　由於沒有自己的資本,芬尼根的處境很艱難。

　　莫瑞看到了商機,他估計強壯的芬尼根如果使用運魚車,每天應該可以運送 400 條魚,從而獲得四條魚的利潤(收取總額的 1%

作為運費），於是莫瑞向芬尼根提供這份工作，每天付給他三條魚的報酬，剩餘的一條魚則是莫瑞每天的收入。如果芬尼根接受這份工作，他就可以提高生產率，降低運費，比自己做更划算。

莫瑞現在每天有一條魚的收入，他可以不必再做運送工作，專心製造運魚車，而且可以雇用更多的人來擴大生意；與此同時，運魚車的普及也會降低所有島民的運費支出。

將來某一天，芬尼根可能儲蓄足夠多的魚，製造自己的運魚車，進而和他的老東家競爭。為了防止此類事情發生，莫瑞不得不支付給芬尼根合適的報酬，比他自己做賺得多，但不會多到讓他產生自立門戶的想法。

雖然大家都得到了好處，但莫瑞唯一的動機其實是追求更高的利潤，他並非有意幫助芬尼根，但他的行為無意間產生了這種效果，讓芬尼根得到了更高的工資，也讓所有人都降低了運費成本。

有人認為商業利潤來自於降低員工的薪資，但沒有人會免費工作，沒有利潤的工作也不會存在。員工只要工作就有報酬，而企業主想得到回報則只能等到企業賺錢，他們的收益是對承擔風險的回報，也是對成功整合稀有資源的回報。對利潤的不懈追求推動了產品創新、企業發展與經濟增長，正是這樣的推動力提高了每個人的生活水準。豐厚的利潤正說明一個企業很擅長滿足客戶的需要，對這樣的企業應當予以鼓勵，而不該惡意詆毀。

## 故事引申

有人認為，就業市場本身就有失公平，政府需要保護員工免受雇主的剝削。這種想法對經濟學的基本原理存在誤解，嚴重損害了勞動力市場的健康運作。

與自由社會中的任何交易一樣，就業是一項自願的活動，如果人們藉由自食其力或受其他雇主雇用能夠掙到更多的錢，就很少有人願意接受或繼續原來的工作了。每個工作的人實際上都在經營著自己的生意，將自己的勞動力賣給出價最高的雇主，有時他們（拿接案的水池清潔工來說）將勞動力賣給不同的顧客；有時他們（就大多數工作者來說）只將勞動力賣給某一個顧客，即他們的雇主。水池清潔工能夠自由選擇，為出價更高的顧客工作（或者在他掌握了新技能後，轉行做報酬更高的服務工作）；同樣的，上班族如果有機會也可以跳槽，追求薪資更豐厚的工作。上班族沒有跳槽，就證明他們目前的工作可能是當前

所擁有的最好選擇；低報酬可能不盡如人意，但這並不意味著剝削。

　　一名員工的具體價值主要取決於三個方面：需求（雇主是否需要這名員工所掌握的技能）、供應（有多少人具備這些技能）以及生產力（這名員工對那些任務的完成程度如何）。要想獲得較高的薪資，這位員工必須提高其自身價值，要不掌握極少數人具備的急需技能（如醫生），要不通過對本職工作精益求精來提高生產力，根本無捷徑可走。

# 現實連結

    通貨緊縮的完全妖魔化（還有對通貨膨脹的相對接受）是當今經濟學中最成功的宣傳策略。在經濟學家和政治人物眼中，通貨緊縮被定義為一段時間內價格的全面下降，就好像經濟領域的鼠疫一樣，只要有一丁點通貨緊縮的苗頭，政府通常就會採取措施抬高物價。

    價格下降有什麼不好呢？我們已經習慣了不斷上漲的物價，要是我們知道在過去的將近 150 年（從 18 世紀末一直到 1913 年）中，美國的物價一直在穩步下降，幾乎所有人都會大吃一驚。然而就是在這段時間裡，我們經歷了人類歷史上經濟增長最快的幾個階段。

    這種現象出現的原因正如本章所講述的那樣，是因為生產率的提高。如果貨幣供應穩定（就像聯準會成立前的美國那樣），生產率的提高會促使價格下降。

    工業革命帶來了生產率的大幅提高，受薪階級也能買得起裝飾家具、量身訂做的衣服，付得起水管維修費和乘車費，而這些以前只有富人才消費得起。通貨緊縮意味著 1850 年時存下的 100 美元到了 1880 年能夠購買更多的產品和服務，為什麼說通貨緊縮不是件好事呢？現在，爺爺奶奶總愛說他們小時候東西多便宜，而他們的爺爺奶奶卻總是說自己小時候東西要貴得多。

雖然物價低的好處顯而易見，但我們還是害怕通貨緊縮，我們被告知：一旦物價下跌，消費者就會停止消費，公司也會避免支出，工人會因此失業，最後我們會回到經濟的黑暗時代。

　　但是價格下降並不一定會影響特定行業的發展，我們不只一次見證過這一點。20 世紀初，亨利·福特靠不斷降低汽車的價格發了大財，他雇用的工人工資是業界最高的。舉個更近的例子，雖然電腦的價格不斷大幅下降，但是這個行業的獲利還是非常豐厚。產品價格的下跌並未阻擋電腦革新的步伐，由於設計和製造效率的提高，每年有數億人能夠以越來越低的價格享受數位化帶來的好處。

　　儘管如此，大多數人都認為通貨緊縮只有侷限在某個行業時才是可以接受的，為什麼呢？

　　現代經濟學家錯誤地認為：消費可以促進經濟增長，因而一旦發生通貨緊縮，人們就會延遲消費（等待價格繼續下降），等到人們開始消費，下降的價格對於經濟增長的影響就會減弱。這真是荒謬！

　　正如我們前面講的那樣，扮演關鍵角色的不是消費，而是生產！

　　根本不需要勸說人們消費，因為人類的需求永遠不會得到滿足。如果人們不想要某樣東西，那一定是有理由的，要不是產品不

夠好，要不是買不起。不管是什麼原因，延遲購買產品或者把要花的錢存起來，都是出於理性的考慮，而且對整個社會都有好處。

實際上，如果消費者不願意消費，刺激需求最好的辦法就是讓物價降到更合理的水準；山姆‧沃爾頓（美國零售巨頭沃爾瑪創辦人）就是運用這個簡單的概念賺了數十億美元。

第一代電漿電視問世時，極少有美國人購買。儘管大家都想要一台，但一萬美元的不菲價格令許多人望而卻步。但當價格下跌時，越來越多的人爭相購買；不斷增加的銷量彌補了價格下跌帶來的損失，於是利潤大幅提高。

天資聰穎的經濟學家總會說，價格下降會損害消費者的利益。但食品與能源價格降低真的不好嗎？如果醫療開銷或教育費用逐漸回到可承受範圍內，我們還會要求政府採取行動以來協助我們嗎？

儘管有這麼多反面證據，通貨緊縮還是被當作經濟的頭號敵人，這是因為通貨緊縮（與通貨膨脹相反）是政治人物最好的朋友，這一點我們在後面會詳細說明。

第六章

# 為什麼會有儲蓄

## Put It in the Vault

隨著島民儲存的魚越來越多，魚的存放漸漸成了問題。以前，人們習慣把魚存放在家裡，但是這樣做效率很低，甚至很危險——偷魚賊就是一個大問題！雖然島民願意透過貸款和投資使自己多餘的魚增值，但是大多數人既沒有時間也沒有能力判斷那些商業提議的優劣。

　　一個名叫「麥克斯・好銀行」（Max Goodbank）的人嗅到了商機，他決定開創一個革命性的行業。

　　麥克斯守護自己的存魚多年，深知必須找到一種更好的儲存方式才行。看到自己的鄰居被狡猾的借魚者欺騙，他也發現大多數人在借出積蓄的問題上都需要幫助。考慮到這些因素，他建造了一個很大的儲藏室，其溫度和濕度都可以調節，還雇用了島上最強壯的人看守；這家新「銀行」能夠確保島上存魚的安全，從而解決存魚失竊的問題。但這只是個開始……

麥克斯是位真正的企業家，他知道如果只是收取保管費，利潤空間很有限。他明白儲蓄的價值，也明白自己比一般的島民更擅長放貸；他是一流的數學家，尤其善於評估商業計畫並為其提供適當的貸款。他用鄰居的儲蓄放貸，所獲收益的一部分作為存戶的利息和看守人員的工資，剩下的部分作為自己的利潤。於是好銀行存貸款公司就這樣誕生了。

　　與艾伯和達菲一樣，麥克斯最初只是想為自己謀利，但是在他追逐利益的同時，也解決了存款、貸款和盜竊這些棘手的問題。

　　現在，島上的居民們縮衣節食，把積蓄存入麥克斯的銀行，讓他代替自己承擔投資的責任。

　　誰要是有投資專案需要貸款，只要去找麥克斯就可以了，不用去找那些可能擁有大量存魚的人。

　　要讓計畫順利實施，麥克斯需要解決幾個問題。第一，他必須保證貸款業務賺錢，這也就意味著他必須仔

細甄選合適的借款人，認真收取利息，而且當對方無法還款時要取消抵押品的贖回權。第二，他需要定期向存戶支付利息，讓他們高興。第三，為了讓生意持續下去，他需要吸引更多的存戶。如果失敗，他就會失業，而他的投資也就白費了。

因為麥克斯精通貸款業務，凡他經手的貸款不僅效率高，而且利潤豐厚，所以他自然而然成了島上的經濟權威。其他不夠專業的島民總會受到個人經歷、家庭關係和情感的影響，麥克斯卻可以心無旁騖地關注經濟問題。

# 利率

由於麥克斯的個人利益和銀行的經營狀況密切相關，他最適合決定存款和貸款的利率。

在貸款方面，他對最可靠的（還款能力最強的）借款人收取最低利率，對風險較高的借款人收取較高的利率作為高風險的補償。

貸款利率又決定了銀行能支付給存戶的利息。存款利率是隨存款年限遞增的，存款年限越長，造成銀行存魚短缺的風險就越低，所以存戶如果願意長期儲蓄，獲得的利率也就較高，進行短期儲蓄的存戶所獲利率則較低。

儘管麥克斯手握利率的制定權，但整體利潤還是會隨著無法掌控的市場情況變化而波動。

　　有時生產率大幅提高，島上的存魚量也隨之大大增加。如果儲藏室裡堆滿了魚，銀行就會主動降低貸款利率，不只因為此時銀行承受損失的能力較強，也因為現在這個有能力創造更多儲蓄的健康經濟體，為新企業的發展提供了良好環境。

由於不需要吸引新的儲蓄，貸款利率也比較低，這就導致存款利率降低，從而抑制儲蓄。

　　一旦儲蓄滑落（這對經濟來說很危險），相反的力量就會開始發揮作用鼓勵儲蓄，從而補充銀行的資產。

　　當存魚較少時，麥克斯放貸就格外謹慎，因為在儲蓄不足的情況下，一旦有人拖欠貸款，後果將非常嚴重；為了抵銷高風險可能帶來的損失，麥克斯會向借款人收取更高的利率，並提高存款利率以刺激儲蓄。

高利率會抑制借貸，延緩經濟增長，但同時，高利率也能刺激儲蓄。最終，銀行資產會再次累積起來，到那時利率又會下降。

另外，較低的存款率表明人們更願意將儲蓄用於近期消費，因而抑制了為滿足未來消費需求而進行的投資。

這種週期性的利率機制有利於市場穩定，這種機制的運作完全取決於以下三點：銀行實現資產報酬最大化的期望、銀行對高風險投資損失的擔憂、個人消費的時間偏好。

更重要的是，銀行儲蓄的安全與便捷促使人們增加儲蓄、延遲消費，從而為投資計畫提供資金，有助於增加未來的產量並提高生活水準。

在麥克斯精明謹慎的經營之下，島上的儲蓄不斷增長，商業不斷發展。

# 高風險投資

　　由於麥克斯需要不斷向存戶支付利息，他通常會避免發放違約風險較高的貸款。他拒絕發放度假貸款、消費貸款以及其他僅用於消費享樂的貸款；這類借款人總是誇下海口，卻拿不出實際的證據證明他們將來能夠還貸，所以麥克斯不能拿島民的儲蓄冒險。

　　但是，有些存戶甘願為了高報酬承擔高風險；市場上偶爾會出現一些非常誘人的突破性計畫，但是最後銀行還是因風險過大而不願投資。

　　彈射飛行航空公司提出了一個設想，可能會徹底改變島際旅行方式。但是，循規蹈矩的麥克斯不肯投資。

　　然而這並不表示彈射飛行的支持者束手無策了。一個新的聯合投資組織出現了，該組織由闊綽的大亨曼尼‧基金（Manny Fund）經營；曼尼從那些對銀行存款利率不滿意的存戶那裡募集存魚，然後再把募集到的魚投入備受矚目的計畫案。

　　其中有些案子成功了，像是天堂飲品公司。

　　另一些專案則失敗了，像是布拉潛艇水下旅遊公司。

　　麥克斯繼續經由保守的投資方式促進資本增長，而曼尼則成了
冒險者的選擇。

# 現實連結

　　政府不但制定法律，向某些貸款類型和人群傾斜，擾亂了信貸市場，還透過另一種更加基本的方式影響信貸流動：操控利率。在將近 100 年中，聯準會（理論上是一家私有銀行，但實際上卻是美國財政部的延伸）一直制定基準利率，而美國的整個利率結構就是建立在基準利率之上的。

　　聯準會調高或調低聯邦基金利率並不會直接決定某家銀行各種貸款的利率，但會影響整個市場走高或走低。通常銀行向大眾收取的利率要高於它們支付給聯準會的貸款利率，因此當聯準會調高或調低其基準利率時，企業和個人在借貸時就要多付或者少付一些錢。

　　聯準會之所以被授予這一權力，是為了保證經濟不論在繁榮期還是蕭條期都能平穩運作，其理論基礎是：聯準會的經濟學家可以運用集體智慧，推算出特定時期最理想的利率水準，從而使經濟正常運作。

　　例如，聯準會可以把利率降到足夠低，這樣企業和個人就更願意借貸，以此刺激不景氣的經濟；而在經濟繁榮時，由於過分的自信經常導致愚蠢的行為，聯準會則應該提高利率，這樣人們

在借貸時就會三思而後行。

這樣的機制有兩個致命的缺陷。

第一，該機制的前提是：聯準會的一小撮人要比數百萬獨立決斷的民眾（或者叫「市場」）更清楚什麼是恰當的利率水準。但是，聯準會跟利率沒有任何關係，它既不產生儲蓄，也不會因為貸款變成壞賬而蒙受損失。累積儲蓄的是民眾，而且銀行能否獲利取決於自身的管理水準，如果沒有這種關聯，則借貸必然是不夠有效率的。

第二，聯準會的決定總是基於政治考量而非經濟因素，因為低利率能夠使經濟表面上表現更好，降低還款壓力，還能幫金融公司賺錢，所以很多人都喜歡低利率。謀求連任的總統往往鼓吹更低的利率，並對聯準會施壓。對於聯準會的決策者來說，他們自然也希望自己被看作拯救經濟的好人，而不願被當作將經濟推向低谷的吝嗇鬼。

樂於看到高利率的社會成員（尤其是存戶）未能形成有組織的利益集團，導致沒人能聽到他們的聲音，也因此社會上就形成了這種偏見，即利率應該很低，而不是很高。還記得嗎，

低利率會刺激借貸、抑制儲蓄，難怪美國已經由一個儲蓄者的國家轉變成了借款人的國家。

而且，相對於儲蓄供給來說，過低的利率會向借款人傳達錯誤的信號，即經濟狀況良好、投資可行。因為消費並沒有真正延後（如果利率順應市場力量下滑，那麼消費就應該延後），用於滿足未來需求的投資就很難成功，結果就是虛假的繁榮過後緊接著出現巨大的危機，正如我們在 2008 年股票和房地產市場上經歷的那樣。

第七章

# 基礎建設與貿易

Infrastructure
and Trade

以前島民都飲用山間溪水，他們用各種容器把水從小溪運到自己的小屋裡。

　　因此大多數人都不會選擇在遠離水源地的地方生活或工作，缺水的狀況也使農業發展受阻，這些因素都限制了小島的整體生產力水準。

　　有一年，小島上發生了非常嚴重的旱災，不少溪流乾涸了，嚴重缺水讓人們幾乎無法生存。

　　災難過後，島民們想尋找一種解決辦法，以防止日後再發生類似的災害。

聰明的漁民艾伯五世（艾伯的第四代孫）解決了這個難題。他注意到，雨水形成的洪流會聚積起來形成水塘；受到大自然的啟發，他設計了一個雨水收集系統，將雨水儲存起來以備將來之用。但是，要為整個島嶼提供水源將是一項巨大的工程。

按照他的設想，自來水廠專案需要 182,500 條魚的工程款，這些魚可供 250 名工人食用兩年，於是他向曼尼・基金借款。曼尼很喜歡這個想法，但是他沒有足夠的魚，於是艾伯五世做了最壞的打算，向銀行借魚。

　　出乎他的意料，馬可欣・好銀行（麥克斯・好銀行的後代）表示對這個貸款項目很感興趣，儘管工程費用很高，但考慮到未來的潛在收益，冒一次險也是值得的。如果這個項目成功的話，銀行很快就能收回成本，而且島上的所有人都會有更美好的未來。

　　然而，不管她多麼喜歡這個主意，如果島上的存魚不夠，好銀行也無力支持這個項目。而島上的確沒有足夠的存魚可以供 250 個不捕魚的工人食用兩年。

但在竣工之時，自來水廠如廣告中宣稱的那樣送來了水，並歸還了貸款和利息。

　　島民也願意每年付出一定數量的魚來換取自來水。自來水廠用這筆錢雇用了 100 多名工人維護這個複雜的供水系統。

　　自來水廠專案取得的巨大成功給整個島嶼的經濟帶來了好處，自來水服務收費合理，讓遠離水源的地方也有水可用，從前的不毛之地也可以種植作物了。

水管內平穩的水流可以用來推動機器，讓新的產業有了發展機會。由於人們現在不需要再用手提水，每個人都有更多的時間用於生產產品、提供服務或者開發新的投資專案；高生產率使得全社會的捕魚量上升，生活水準也隨之提高。

### 故事引申

現在島上的社會比當初只有三個人徒手捕魚時要大得多了。在一些人看來，支配經濟的原理已經改變了，事實果真是如此嗎？

正如數學原理不會因問題的大小而改變，基本經濟原理也不會因經濟的大小而改變。人們常常認識不到這一點，是因為在存戶和借款人之間存在著很多層關係。但是，自我犧牲、儲蓄、借貸、投資、經濟刺激因素和社會經濟發展之間的關係是永遠不變的。

# 貿易

　　隨著島上經濟的發展，出口產品的能力也增強了。很快，不少大型貨運木筏就滿載著魚、運魚車、衝浪板、長矛和獨木舟駛過公海；由於物美價廉，這些產品在整個大洋上都享有盛譽，不只換取了鮮魚，還有其他從前未曾在小島上見過的商品。

由於島上的探險者和其他島嶼建立了聯繫，貿易得到了發展，進一步促進了經濟的增長。如果自由貿易不受限制地自由發展，就會給所有人帶來好處。

有些島嶼（或者城市、國家甚至個人）通常會有一些產品相對過剩，而別的島嶼正好缺乏這類產品。於是，每個人、每個國家或者島嶼都會利用自己的優勢實現利益最大化。

比如，附近有座小鼓島，就如字面所寫的，島上有大量的小鼓。當地人製作小鼓的技藝登峰造極，而且島上長滿了最適合製作鼓的樹，因此島上的小鼓不計其數，價格也很低廉。作為島內貿易品，小鼓的銷路並不好。

離小鼓島 100 多公里的地方有座旋舞島，島上的居民對小鼓情有獨鍾。不幸的是，這座島上沒有適合製作小鼓的樹，因此在旋舞島上，小鼓是罕見而珍貴的貨物。旋舞島上有大量的椰子防曬油，但是島上的居民皮膚黝黑，沒有必要防曬，因此防曬油對他們來說幾乎一文不值。

　　也許是命運使然，在島上無情的烈日下，皮膚白皙的小鼓島人備受慢性灼傷的煎熬。

　　在這兩座島嶼終於取得聯繫後，小鼓和防曬油的大宗貿易便立即展開了。每座島嶼都利用自身的優勢把在島外售價更高的貨物運

往另一座島嶼，在這種共生機制下中，兩座島嶼都因而受惠，不僅
人們的生活水準提高了，節奏感很強的鼓聲也響徹兩座島嶼。

　　國際貿易與個人勞動分工沒有什麼區別，每個人或者每個國家
都用自己多餘的或者擅長生產的產品，換取自己缺乏的或者不擅長
生產的產品。

# 現實連結

　　基礎建設投資會對經濟產生巨大的影響。然而,只有在收益大於支出時,這種投資才有效果。反之,這些專案就是在浪費資源並阻礙經濟增長。

　　目前,很多政治人物和經濟學家都錯誤地認為:基礎建設投資並不是可能帶來長期收益的投資,而是增加就業和提振經濟的直接手段。

　　在過去的半個世紀裡,美國對基礎建設的投入遠遠不夠彌補這個缺口,對於目前的經濟狀況而言無疑是一種負擔。我們要在未來才能看到這些投資的收益,而且前提是投資必須成功。

　　在我們的故事中,借給自來水廠專案的 182,500 條魚就不能再用於其他能夠創造就業的投資計畫了。但其實自來水廠是挺好的投資決定,假如這些魚被用在了一個毫無價值的項目上,像是阿拉斯加惡名昭彰的「斷頭橋」(Bridge to Nowhere),那才真的浪費了島上的儲蓄,也白費了 250 名工人兩年的辛勤勞動。

　　在美國早期的歷史上,類似自來水廠這樣的專案往往是由私人單位發起的,然而由於這些項目能否成功很難預料,在這個政府幾乎控制了一切基礎建設的時代,這樣一項大工程的融資、建

設、直到最後投入營運，都是由以營利為目的的私人公司完成，
看起來很不可思議，但在過去事實就是如此。

　　舉例來說，紐約地鐵基本上就是由私人公司建設的，而且在
近四十年的時間裡都是由私人公司負責營運，與市政府無關。雖
然地鐵的造價不菲，但還是實現了獲利。更值得一提的是，四十
年間車票價格從未上漲。

　　如今，選民很容易被說服，相信大型公共設施都應該由政府
營運，例如下水道、高速公路、運河和橋樑這些可以為所有人提
供方便的設施。

　　政治人物們成功地讓民眾相信，唯利是圖的私人公司一有機
會就會榨取民眾的血汗錢；他們用來證明這些論點的證據多半
都是從情感上煽動，引起民眾的共鳴。其實我們更能確定的是，
政府對於公共設施和服務的壟斷幾乎必定會造成效率低落和貪污
腐敗。

　　如果政府工程入不敷出且服務品質很差，自由市場的原則也
無法幫助其走出困境；政府通常會透過提高稅收來填補漏洞，這
樣一來，不僅浪費了社會資源，也降低了人們的生活水準。

在貿易上，人們也有同樣的錯誤觀念。自由貿易的反對者試圖保護美國的就業市場不受海外競爭的影響，但是他們忽略了進口的好處，忽視了限制選擇範圍對消費者造成的潛在損失。

比方說，如果進口的 T 恤比美國本土生產的 T 恤便宜，那麼美國人就可以在 T 恤上少花一些錢，省下來的錢就可以花在別的東西，像是滑板之類的；這對於美國國內的公司是很有利的，例如優秀的滑板製造商，或是那些能夠為同類型產品賦予最大價值的公司。

可是美國國內那些製作 T 恤的工人失業了該怎麼辦呢？如果他們的雇主不能在生產 T 恤上找到競爭優勢，這些工人只能去找別的工作。提供工作機會並非經濟的主要目的，而是要最大化勞動生產力。

保留無效率的勞動力和資本使用方式對整個社會是沒有好處的，如果美國在 T 恤生產方面沒有競爭優勢，那麼它就應該找到自己具有優勢的行業。

如果藉由貿易壁壘保護這些工作機會，製造 T 恤的成本還是會居高不下，那麼人們就沒有更多的錢購買滑板（舉例來講），

　　滑板製造商就會蒙受損失。所以這種做法雖然保留了原本的工作機會，但我們卻沒有看到那些因此而失去的潛在工作。

　　浪費勞動力製造那些國外生產效率更高的產品是毫無意義的，如果我們專注於生產自己擅長製造的產品，就可以用它們換取別人擅長製造的產品，最終大家都能得到更多。

　　然而美國面對的問題在於高估的匯率、高稅率，以及嚴格的薪資法和勞動法，導致美國佔優勢的產品領域並不多，這個局面需要改變。

第八章

# 一個共和國
# 就這樣誕生了

## A Republic Is
## Born

一開始，島上沒有政府。艾伯、貝克和查理三人是老朋友，所以總能以和平的方式解決問題。但是隨著簡單的社會發展為更加複雜的社會，人們必然需要某些政府機構。

　　隨著島上的人越來越多，人與之間的誤解也大大增加，一旦這些誤解無法透過談判解決，人們就會訴諸武力。

　　因為缺乏組織有序的共同防禦組織，有時遇到偷魚賊成群結隊出現，在島上橫行霸道，島民們只能束手無策，苦不堪言。

此外，小鼓島人也會不時入侵。他們不僅是優秀的鼓手，還是兇猛的強盜，一旦他們發威，島上就一條魚也不剩了。

很明顯地，島民需要聯合起來共同維護自己的安全；他們需要領導者，但是交出權力永遠是件冒險的事，因為人們一旦擁有了權力，往往就會濫用。

島民試著選了許多領導者，但選出的人不是自以為是，就是不堪重任。於是他們決定建立一個對人民負責的政府，政府無權剝奪人們的自由；正因為有了自由，這座小島才有了如今的蓬勃發展。

最後大家決定選出十二名參議員組成參議院，其中包括一名能夠行使行政權力的議長。

為保護島嶼不受外敵侵略，參議院決定建立並監督一支海軍，由配備長矛的獨木舟戰船組成。

為了維護社會穩定，也為了保護島民的生命權、自由權和財產權，參議院決定設立一套法院系統來解決糾紛，同時成立警察小隊來執行法官的命令。

　　為了促進貿易，參議院決定建立並維護一系列的燈塔，以防島嶼的峭壁為海上交通帶來危險。

　　為了向這些基礎的機構和設施提供資金支持，島民們同意每年繳納一些魚作為稅款，所有交給政府的魚都會存放在銀行的特別帳戶中，參議院會從這個帳戶提取資金用於公共支出。

　　但是，由於島上的居民們都非常崇尚自由，很多人擔心賦予極少數人過大的權力。為了確保參議員們不會濫用稅款，人們制定了一部憲法，明確規定參議院享有哪些權力；憲法中沒有提及的權力仍舊屬於一般民眾。為防止人們對參議院的職權範圍產生誤解，法院系統設置了最高法官一職，負責維護憲法的權威並監督參議員們的行為。

　　在投票通過憲法之後，這座島就有了一個名字：美索尼亞國。新政府很明智，決定不把所有稅款都花掉，當季風無預警來臨造成無法捕魚時，或小鼓島人發動新一輪襲擊時，這些儲蓄就可以派上用場。

　　雖然政府確實用這些錢雇了一些人，比如燈塔看守員、警官、法官和海軍水手，但是大家都明白，如果沒有向政府納稅的社會生

產者，這些職位根本不
會存在；如果生產者不
繳納稅款，政府雇員連
飯都吃不上。

## 故事引申

島民們知道政府的支出就是納稅人繳納的稅款，所以他們認為應該由納稅人決定稅款怎麼花，因此只有納稅人可以投票。

島民們也明白稅收降低了島上可用的儲蓄總額，限制了投資資本的供給，但是大多數島民都認為更安全的環境、船隻失事的減少，以及解決合約糾紛的法院系統所帶來的好處遠遠大於他們所付出的代價。

目前為止一切都好，但總有些事情會發生……

　　美國建立在對政府權力嚴格限制的基礎上，但是很遺憾，很少有美國人真正認識到這一點。美國的開國元勳們對盛行於 17 到 18 世紀關於自由、理性和科學的革命性思想了然於胸，他們試圖在人民與政府之間創造一種嶄新的關係；在他們的設想中，主權在民，人權神聖不可侵犯。

　　獨立戰爭結束之初，為了建立取代殖民政府的國家政權機構（其實當時很多美國人並不希望這樣），美國憲法成了一個設計巧妙的籠子，可以防止政府這個「野獸」發狂失控；憲法不僅防止人民免受政府的獨裁統治，還防止少數人受到多數人的暴政的傷害。

　　美國憲法有意將權力分配給聯邦政府的不同部門，並把中央的權力下放到各州，更重要的是，憲法可以防止聯邦政府從人民手中剝奪任何權利。

　　結果，在這個國家裡人人可以享有人身自由權和財產權，可以隨心所欲地處理個人資產而政府無權干涉；雖然並非每個人都能幸運地享有這些權利，但這無損於這個設想所展現出的勇氣。畢竟，這是以前任何國家的法典中都不曾有過的。

　　然而隨著時間的推移，這個清晰的設想變得模糊了。當危機爆

發時，很多人都確信政府需要更多權力，人們可以犧牲一些自由。不幸的是，在目前的經濟危機中，這個想法仍有不少支持者。

我們渴望消除經濟緊縮帶來的痛苦，但是我們忘記了自由本身就是有風險的。如果政府有責任消除一切苦痛，那麼就沒有人是自由的；無法自由地失敗，也就是無法自由地成功。

第九章

# 政府的職能
# 開始轉變了

## Government
## Gets Creative

島上的政府一直按照設想運作了好幾代，很多睿智且嚴以律己的人做過領袖，他們十分努力維護每個人的自由並鼓勵私人企業發展。在此期間，稅賦相對較輕，對行業的管制也比較寬鬆；隨著儲蓄與商品生產的增加，企業持續獲利，價格穩定下降，購買力也隨之增強。在幾代人的努力之後，幾乎所有的家庭都擁有一艘獨木舟，有些家庭甚至有兩三艘。

　　因為只需要少數熟練的漁民捕魚便可以滿足整個島嶼的營養需求，多出來的勞動力和資本就可以投入其他行業了。各種在捕魚時代前所未見的工業和服務業都發展起來，小屋裝修公司、巫醫醫院和製鼓公司應運而生蓬勃發展，使得島上一片繁榮；西海岸還出現了一個劇團，觀眾對他們的首場演出《漁夫來了》讚不絕口。

與此同時，一些參議員出於情感因素，認為憲法中關於納稅與投票權的關係從根本上來說是非民主的；基於進步主義精神，這項規定被廢除了，讓很多不太關心政府預算支出的人也獲得了投票權。

　　政府的工資支出隨著經濟增長而增加，參議員的社會地位也大大提高，使這份工作變得非常有吸引力，本來只有德高望重的長者才能擔任參議員，現在連雄心勃勃、幹勁十足的年輕人也對此趨之若鶩。

　　渴望成為參議員的人當中有個名叫「法蘭基·迪普」的人，他比其他人更有創造力，他注意到人們的行為有一個特點，而這個特點為他以後登上權力頂峰提供了捷徑。

　　他發現人們喜歡免費的東西，同理可證，人們痛恨繳稅。因此他想出了一個計畫：如果他能找到一個方法讓島民們以為他免費給予了他們一些東西，那麼他就能夠得到無條件的支持，但不幸的是，政府所有的一切都來自稅款。參議員自己又不捕魚，他們如果不索取就沒法給予，怎麼可能給予的比索取的多呢？

　　一次猛烈的季風侵襲過後，法蘭基看到了機遇（政客從來不會白白浪費一次可用的危機）。

　　他鼓吹道：「親愛的島民們，我們剛剛經歷的風暴給我們帶來了無盡的苦難，很多人無家可歸、饑腸轆轆，我們不能坐視不管。

如果我當選，我會制訂一個政府重建計畫，幫助亟需援手的災民們重建家園。」他還向公民承諾，重建的費用將由政府稅收負擔。

他的競爭對手格魯坡‧克利夫只承諾要好好管理島上的儲蓄，以及不干涉公民自由的權利。

毫無懸念，法蘭基‧迪普順利當選議長。

他的勝選並沒有改變現狀，島上依然沒有足夠的儲蓄支持他所設想的支出計畫，為了彌補這個缺口，法蘭基想出了另一個計畫：政府可以發行紙幣，叫作「魚邦儲備券」，拿這種紙幣就可以到

好銀行那裡自由兌換政府儲存的魚，居民們可以立即把紙幣兌換成魚，也可以用紙幣購買產品和服務，就像使用真魚一樣。

　　島上的首席大法官看不過去了，便插手進來，他指出根據憲法，參議院無權為了某個公民的利益收取另一個公民的錢財，也無權發行紙幣代替真魚。

　　法蘭基隨即將他免職，並任命自己的一個政治夥伴擔任大法官一職便解決了這個問題。這位政治上的合作夥伴宣稱憲法是「靈活

的文件」，後代子孫會遇到建國時期的漁民們無法預見的問題，所以憲法的內容是可以根據新形勢來解讀的。

剛開始，島民們還不太習慣使用魚邦儲備券，他們還是習慣用真魚購買東西，但是一段時間過後，紙幣就流行起來了；大多數人都不得不承認紙幣比魚更易於攜帶，而且沒有難聞的氣味。

同時，法蘭基的顧問們全力搜尋島上值得投資的專案（當然，目的很明顯），如果某項計畫可以確保得到潛在選民足夠的支持，他們就撥款支持建設。

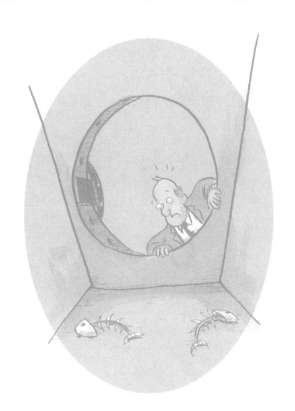

銀行的新總裁麥克斯‧好銀行七世對新鈔票沒什麼好感，他認為新鈔票印刷十分容易，這會給參議員們帶來一種危險的誘因，而且只有當政府在銀行裡儲存足夠的魚，讓人們可以兌換所有的鈔票，他晚上才能睡得安穩。

不出所料，好銀行七世的信心沒能持續多長時間。

　　很快地，法蘭基和他的代理人就發放了很多魚邦儲備券，數量遠遠超過政府帳戶裡的存魚；好銀行七世注意到不斷縮水的儲備，於是跑去提醒參議院。

　　「法蘭基，馬上停止印鈔！」他喊道，「你們每發行十張鈔票，我都只有九條魚可以兌換。如果存戶發現我們沒有足夠的魚可以兌

換，他們就會蜂擁到銀行來兌現，那時我就沒有存魚啦。你必須停止發行魚邦儲備券，並提高稅率。我們必須恢復儲備！」

法蘭基和他的高級顧問休伊・陀貝與泰德・俄內摩尼聽完都哈哈大笑起來：「調高稅率、縮減支出……虧你想得出來！你要是參加競選，肯定是一把好手！還有什麼別的好主意嗎？」

好銀行解釋道：「對不起，各位，可是我實在別無選擇。一旦島上的存戶意識到把魚存在銀行不安全，他們就會停止儲蓄，他們會像從前那樣把魚堆在家裡。那樣的話，我們就沒有足夠的資本維持我們現在賴以生存的設施，更沒有資金投資新的項目了！我們的整個經濟就會崩潰！」

「聽好了，杞人憂天的傢伙！」法蘭基說道，「我們早就想到了這一點，而且有應對之策。為什麼要讓存戶知道他們的儲蓄在縮水而不是增值呢？」

法蘭基解釋道：「我的經濟顧問都是大學的高材生，大學裡也有不少頂級的科學家，他們一起想出了很棒的辦法，而且他們真的成功了。是讓你知道一點小祕密的時候了。讓技師們進來！」一說完，幾個穿著實驗衣的科學家拿著三條看起來很普通的魚走了進來。「請看！」其中一個人說道，「我們找遍了海灘和垃圾場，蒐集被人扔掉的魚皮和魚骨——尤其是有完整的魚頭和魚尾的那種。看好了，我來變個魔術。」

　　接著，技師們熟練地切割、拼接、黏合和縫紉，讓人看得眼花撩亂。不一會兒，他們就開始在魚骨上添加魚肉，製作一條新的魚，藉由調整、塑型、黏合、縫合的方法，他們用三條魚製作出了四條有模有樣的魚；牠們剛才還是垃圾，現在看起來就像真的魚一樣！

法蘭基說：「祕訣就在於膠水，黏好後永遠不會脫落，做出的魚能一直維持原狀，而那些傻蛋們——我是說——民眾永遠也不會發現。我們會稱這種新魚為「官魚」，然後把牠們交給存戶。讓我的技師們到你的保險庫忙上幾天，存魚危機不就解決了嘛！」

　　好銀行驚呆了！他不得不承認這個騙術很高明，他的臉上漸漸露出了微笑。他受夠了總是向別人說「不」的日子，那樣太沒意思，也沒人喜歡他一人們背地裡都叫他「吝嗇鬼」。

　　「也許這是個辦法！」

　　他暗想，「也許這是我受到大家歡迎的契機。首先我得到魚，然後是權力，然後是女人！」

　　但是，理智告訴他，這些人不是魔術師，魚也不會從樹上掉下來！參議員們所做的只是製造假魚來透掩蓋島上儲蓄不斷削減的價值。他試圖和他們講道理。

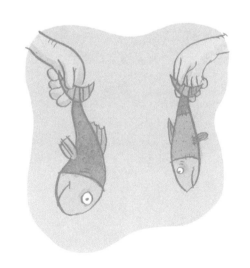

　　「聽我說，存戶總有一天會恍然大悟的。你看，你們的官魚跟真魚比起來明顯要小；畢竟島上的人一直以來都在吃魚，大家都知道一

條魚的價值是多少，要騙他們沒那麼容易。」

　　法蘭基試圖打消好銀行的擔憂，他用老練的語氣說道：「我們已經考慮到了，所以一開始官魚不會太小。每十條我們會用九條真魚來做，這樣做出的魚只比真魚小10％。另外，也是最天才的部分，我們會立法禁止島民比較官魚和真魚。」

泰德‧俄內摩尼插嘴說：「對，就是這樣，我們會說科學家們在未經處理的魚裡發現了新病毒，並要求所有人一旦捕到魚就交由官方做消毒處理！」

參議員和技師會告訴人們，消毒過程是怎麼讓官魚吃起來沒有以前那麼有飽足感的。

為了防止人們看到真魚，也為了從表面上增加捕魚量，參議員們決定設立漁業部，它的唯一職責就是捕魚。

好銀行再也聽不下去了。「這行不通！如果人們停止捕魚，而是依賴於政府，那我們的捕魚總量就會下降，最終我們會把儲蓄用盡的。」

「你怎麼這麼肯定？」法蘭基反問，「成立漁業部是大勢所趨。我們會讓最可靠的人做經理，還會頒發特別獎品給表現出最佳公民精神的工人，而且我們只需要堅持到下次選舉結束。在那之後我們會想出一個更長遠的計畫，我保證我們會想出來的。」

休伊‧陀貝接過話說：「與此同時，這個新的存魚增值步驟會給你提供足夠的魚，用來支付存戶的利息。我們甚至還能多出一些魚，拿來用在公益事業方面！」

好銀行想了一會兒說：「還是行不通。人們總有一天會發現，他們會擔心自己的儲蓄，因而取出存款。」

「這一點我們也想到了。」法蘭基解釋說，「我們將宣布所有

儲蓄將由一個叫作「魚邦存款保險公司」的新政府機構承保，一旦得知參議員們為他們的存款擔保，還有誰會取回存款呢？保險機制形成以後，存戶就會認為我們在保護他們的存款，即便我們實際上是在竊取存款的價值。」

「那麼，麥克斯，」法蘭基靠近他，在他的肩膀上捏了一把，問道，「你會和我們在同一陣線，對吧？」

麥克斯受到誘惑，一度想和他們同流合汙，但他最後還是挺直了腰桿。政治人物們擔心的是表面上的償付能力和他們自己的形

象，而麥克斯關心的是魚的價值。

「做夢！」他厲聲說道，「這是詐欺！如果說你們這些參議員有什麼共同點，那就是你們全是騙子！想讓我跟你們同流合汙？我這就回去關閉銀行，讓人們把魚存在家裡。」

在他發表這番攻擊性言論的過程中，參議員們面面相覷，無奈地聳肩……最後他們忍無可忍了，法蘭基叫來了警衛並跟警衛耳語了幾句，好銀行就被拖了出去。好銀行雙腳亂蹬並大聲呼喊，但是他臨別前的話誰也沒聽進去。

　　「沒辦法，對牛彈琴。」法蘭基說「去把艾里‧葛林芬叫來！」
隨後，法蘭基任命葛林芬為銀行的新主席，他命令葛林芬嚴格執行
存魚增值計畫，絲毫不准打任何折扣。後來，好銀行存貸款公司改
名為「魚邦儲備銀行」。

　　第二天早上，有人發現島上信譽最好的銀行家麥克斯‧好銀行
七世的屍體掛在珊瑚礁上，他的死被說成是自然死亡。島上的高層

假惺惺地發表了悼詞，法蘭基議長還為他舉辦了隆重的葬禮。

因為有艾里‧葛林芬擔任魚邦儲備銀行的主席，他們的計畫進行得滴水不漏，從真魚向官魚的轉變完成了。

在那個星期之後，很少有島民意識到，隨著麥克斯被埋葬，銀行業的可信賴傳統和健全的貨幣也一起被埋葬了。

# 現實連結

　　我們前面討論過，在美國歷史上的大多數時期，通貨緊縮持續存在。1913 年聯準會成立，聯準會發行紙幣，承諾紙幣持有者可以隨時將其兌換成黃金，從而取代了當時流通的私人銀行發行的鈔票。其實，私人銀行也做出了相似的擔保，但是自從聯準會登上歷史舞臺，美國的物價就開始不斷上漲。

　　成立聯準會的最初任務是建立「彈性貨幣供給」，當時的設想是：聯準會可以根據經濟活動的情況，擴大或縮小貨幣流通量；設計者以為這樣可以讓物價保持平穩，不受經濟繁榮或蕭條的影響。

　　即便這一設想是個好想法，但聯準會很明顯地在這個任務執行上已經一敗塗地。

　　在過去的 100 年裡，美元損失了超過 95% 的價值，為了穩定物價犧牲可真大！事實上，聯準會現在存在的唯一目的就是產生足夠的通貨膨脹，從而使政府的支出大於稅收收入。

　　在「經濟大恐慌」時期，小羅斯福總統決定讓美元對黃金貶值。要想實現這一點，美國政府就必須控制整個黃金市場，而且還一度立法禁止私人擁有金幣。後來，人們若要將紙幣兌換成黃金，被限制只能去銀行，接著變成只能去外商銀行，最後則是去哪裡也兌換

不了了。

美國人手裡只剩下一種沒有實際價值且可以隨意增發的貨幣，這使得美國政府再也不必在支出和稅收之間做出艱難抉擇，也把美國經濟引上了一條不歸路，總有一天美元剩餘的那點兒可憐的價值也會消失。

第十章

# 不斷縮水的魚
# 就像貨幣一樣

## Shrinking
## Fish

參議員們都不敢相信自己的好運，現在他們可以隨意做出任何競選承諾，再也不必維持收支平衡，也不需要提高稅率來為支出籌錢了。

　　因此，每年政府都發行數量超過銀行可兌換魚量的魚邦儲備券，一旦儲蓄偏低，技師們就施展他們魔法般的技藝，這一切是如此令人興奮！雖然參議員們心中痛苦掙扎，想要控制局面，讓國家回到一條可持續發展的道路上，但他們就是無法控制自己。

　　一些受政府撥款支持的計劃使所有人都受益：島上的海軍換了大船，讓小鼓島人無法靠近；新的道路系統使交通更加便利。然而，充滿爭議的岩石清潔就業計畫有多大價值就很難說了，島上到底是否需要閃閃發亮的石頭呢？人們的爭論絲毫降低不了那些因為這項計畫得到工作的人對該計畫的推崇程度。

與此同時，政府新成立的漁業部開始運作，提供很高的工資和良好的福利，很容易就雇到了員工。被雇用的人很喜歡這份穩定的工作，於是很高興地把選票投給了資助他們的參議員。

可是，在光鮮的外表下面，真正的問題在不知不覺中形成了。由於漁業部的員工缺乏誘因去冒險和創造利潤，所以他們的效率非常很低落。

島上捕獲的真魚的增長率遠遠低於參議院發行的魚邦儲備券的增長率。不久之後，魚邦儲備券因為發行量過大，技師們不得不灌水來提高真魚做成官魚的轉換率，從9：10提高到4：5，也就是說，官魚比起真魚，從原本只小10%變成小了20%。後來這個比率仍舊無法維持平衡，轉換率又升到2：3，最後升到了1：2。

官魚越來越小，不久後島民每天只吃一條魚已經無法填飽肚子了，大多數人每天至少要吃兩條魚才行。

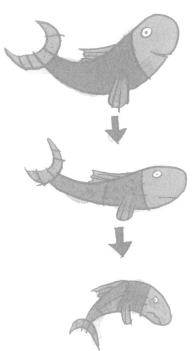

因為官魚是島上的貨幣，所有東西的物價都必須相應上漲才能彌補魚本身損失掉的營養價值，於是通魚膨脹的難題產生了。通常來講生產率提高會促使物價下跌，現在政府引起的通魚膨脹卻導致物價上漲。

物價上漲的原因究竟是什麼，人們莫衷一是，因此需要一個合理的解釋，艾里‧葛林芬為此提出了一個理論，他解釋說：「通魚膨脹是由一種叫作『魚成本推動』的現象引起的。」他說高就業率（部分歸功於政府提供的就業機會）和繁榮的經濟一起促使對魚的需求增加，推動了物價上漲。

　　葛林芬指出，現在大多數島民每天吃的魚是父母輩們的兩倍，這就是經濟繁榮的明證。

　　葛林芬還提醒，如果沒有穩定的通魚膨脹提供刺激，人們就會失去食慾，對魚的需求消失，那麼島上的經濟就會收縮。他進一步指出，每年貶值一半的通魚膨脹水準是最理想的，通魚膨脹是經濟發展的重要環節。

　　「說得好，艾里！你都能把死人說活啦！」法蘭基說。沒有人會想到應該指責政府——這個引發

通魚膨脹的真凶。

有了這種可以任意填寫數字的空白支票，政府會繼續發行更多的鈔票取悅民眾，這樣一來，官魚的尺寸就會越來越小，越來越不值錢，因此工資和物價都必須上漲。儘管某些年因為生產率提高帶來的抵銷作用，人們幾乎注意不到通魚膨脹，但有兩件事是確定的：官魚從未變大，且物價很難再下降！

隨著通魚膨脹愈演愈烈，島民們終於注意到他們從銀行取出的魚比他們存入銀行的魚要小，就算有利息的誘惑，人們還是開始減少儲蓄，有些人索性一點也不儲蓄了。相反地，由於物價不斷快速上漲，人們必須加快消費速度，以免損失魚的價值。

快速的通魚膨脹的最大受害者是退休人員，在投入工作的那些年裡他們把魚存入銀行，而現在他們每天必須吃兩三條魚才能果腹；原以為可以讓他們維持生活二十年的儲蓄，才四五年就用光了。

通魚膨脹抑制儲蓄，銀行儲蓄額隨之降低了，結果可以用來投資有前景的計畫或資助不景氣企業的存魚便減少了；相對地，企業只好開始削減成本，很多員工因此失業。很多島民迫切希望抵銷通

魚膨脹的影響，於是他們決定冒險把存款交給曼尼・基金打理，因為曼尼承諾的報酬率很高，這是投資者彌補損失的最大希望。

後來失業率到達了危險的水準，人們要求政府必須採取措施。

於是參議院嚴格規定企業應該向員工支付的最低報酬、在什麼情況下可以雇用和解雇工人，以及產品價格應該如何制定。有了這些限制，企業做生意變得更加困難，發展能力也受到限制。

後來，一位新參議員林迪發現了一個競選的良機──這次要建立一個大社會！林迪承諾，如果他當選，不僅會為海軍裝備更大的長矛，還會提供緊急失業救濟魚券給所有失業工人，以緩解不景氣的經濟狀況。

他的競爭對手巴迪・金魚只提出要好好管理島上儲蓄的承諾，以及不干涉公民經濟自由的老生常談。更重要的是，巴迪指出島國負擔不起昂貴的「長矛魚」的政策。

　　毫不意外，林迪獲得了壓倒性勝利。

　　這整個過程依舊持續進行著，魚邦儲備券的發行量越來越大，而捕魚船隊帶回來的真魚卻越來越少。

　　當官魚的尺寸縮水到只有原來的十分之一時，即便是葛林芬也明白他無法再弄虛作假了；當儲藏室裡只剩下魚骨時，他跑到參議院召開了緊急會議。

## 現實連結

　　經濟學家們非常成功地混淆了通貨膨脹的起因，手段之一就是簡化這個詞的定義。幾乎所有人都認為物價上漲就是通貨膨脹，因此如果物價沒有上漲，就沒有通貨膨脹。但是上漲的價格不過是通貨膨脹的結果罷了！這就好比給氣球充氣，氣球就會不斷膨脹一樣，通貨膨脹其實就是貨幣供應量增加，與其相反的情況即為通貨緊縮，意指貨幣供給減少。從另一方面來說，價格自身其實不會膨脹或者緊縮，只會上漲或下跌，所以膨脹的不是價格，而是貨幣供給。

　　凡是 1990 年以前出版的字典，對通貨膨脹的定義都是貨幣供給量的增加，較新版本的字典定義就開始鬆動了。不過，如果你理解通貨膨脹的真正含義，你就會知道，就算貨幣供給量增加，物價還是有可能保持平穩，甚至下降。

　　經濟不景氣時，人們會理智地選擇停止消費，一旦這樣，需求就會降低，物價就會下跌。不過有時增加貨幣供給量能夠抵銷這些因素，因為增加的貨幣供給會降低貨幣的價值。如果通貨膨脹發生在經濟不景氣的時期，物價會上漲（前提是貨幣發行的速度足夠快）、保持平穩或者比正常情況下跌得慢一些。

　　但其實經濟不景氣時，物價需要下跌才能讓經濟局勢回穩；經濟不景氣時需要通貨緊縮，下跌的物價有助削弱高失業率的負面影響。然而當代經濟學家卻認為，物價下跌會導致經濟陷入需求崩潰的萬丈深淵，他們忘記一旦物價下跌到一定程度，人們就會開始消費；這個過程淘汰了不必要的產能，也把物價調降到符合內在供需平衡的水準。

　　通貨膨脹的人為操控使得物價居高不下，妨礙了上述的自然過程發揮作用。目前許多政府應對經濟衰退的本能反應便是製造更多的貨幣，但當貨幣量過多，這種手段就會同時帶來通貨膨脹和經濟衰退兩大問題，導致「停滯性通膨」的狀況，在 1970 年代，這種現象最為突出。然而，現今的許多經濟學家卻一股腦兒將 20 世紀那段插曲拋到九霄雲外，堅持認為通貨膨脹和失業問題根本不可能同時存在，他們認為人們失業時，需求便會下降，價格也會隨之下降，可是他們卻忽略了等式的另一邊：一旦工作的人數減少了，生產的產品也會減少，供應量便會減少，產品匱乏會導致價格上漲。如果政府在這種渾沌的經濟狀況中投入更多貨幣，必然會導致物價飛漲。

第十一章

# 中島帝國：
# 遠方的生命線

A Lifeline from

Afar

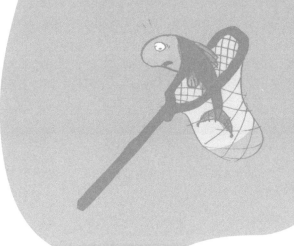

議院會議上，葛林芬說，我已經無能為力了，銀行裡完全沒有存魚了。一些參議員建議把真相告訴民眾，最後遭到了否決；參議員林迪想找個萬全之策。

　　他決定讓島上最聰明的經濟學家本・伯南柯接管魚邦儲備銀行。

　　「沒問題，閣下。」伯南柯說，「現在的情況是民眾失去了信心，如果我們現在開始消費更多的魚邦儲備券，人們的信心就會恢復，他們就會重新開始消費。如果有必要，我會坐在棕櫚樹上往下撒錢。」

某些參議員感到有點困惑，雖然他們沒有受過伯南柯那樣的經濟學教育，但就是隱隱覺得所有問題最初就是由消費過剩引起的；儘管參議員巴迪·金魚據理力爭想說服其他人，但是沒有什麼用。

　　所幸，由於出現了意想不到的轉機，參議員們不需要再做這些痛苦的抉擇。參議院的大門突然被推開了，一位駐外的大使和幾個長相奇特的人闖了進來。

　　這位大使在東部海域發現了一個名叫「中島帝國」的島國，在那裡，所有的居民依然在徒手捕魚；中島帝國的經濟缺乏自由，因而發展緩慢。

在中島帝國，所有人都必須捕魚，然而捕獲的魚卻不歸個人所有，所有的魚都要上交給國家，再由國家決定誰應該得到多少。

　中島帝國的國王如果注意到他的漁民沒有竭盡全力，就會要求他們在捕魚的同時一起唱愛國歌曲，如果有人忘詞或者走調了，必須在改進後才可以吃飯。

　在這種制度之下，雖然人均捕魚量不高，當權者卻能得到其中很大一部分，所以中島帝國的一般民眾每天只能吃到半條魚，而國王和官員們卻每天都能盡情享受美味海鮮。

　　中島帝國的情況跟美索尼亞國出現第一份資本前的情況很像，那時沒有儲蓄，沒有銀行，沒有信貸，更沒有企業。在美索尼亞人看來，中島帝國的經濟還處於黑暗時代（中世紀水準）。

　　值得讚揚的是，中島帝國的國王很明智，他明白這樣下去自己國家的經濟不會得到快速的發展。當他得知美索尼亞國經濟發展的過程之後，就對他們先進的銀行、借貸和貿易系統，以及人們奢侈的生活方式印象深刻，他決心讓自己的島嶼也變得繁榮起來。

國王研究了島際貿易的運行方式，他推測擁有魚邦儲備券是打開發展之門的鑰匙。

他注意到這種鈔票可以在整個海域作為貨幣流通，不只可以用來購買小鼓島的小鼓，也可以換取旋舞島上的椰子防曬油。

中島帝國的大使意識到擁有這種鈔票就可以融入島際貿易，於是他提出要用魚來跟美索尼亞國交換魚邦儲備券。

參議員們看著中島帝國的來者，感到難以置信，他們面面相覷，驚訝不已……真的有這麼簡單嗎？用一堆紙就能換來鮮魚？

　　林迪毫不猶豫地走上前去，答應了他們的條件，表示美索尼亞國會慷慨地向中島帝國敞開市場的大門，那什麼時候能把船上的魚卸下來呢？

　　不過，在簽署貿易協議之前，中島帝國大使要求美索尼亞國保證其貨幣會一直具有實際價值。

　　「放心吧！」林迪說，「不論你們什麼時候想用鈔票來兌換鮮魚，只要來到我們銀行的窗口，我們很樂意提供你們所需的一切。你可以四處看看，我們像缺魚的樣子嗎？」

　　於是，雙方簽訂了協議，中島帝國的魚也送到了。林迪拿出幾堆新印刷的鈔票作為交換，他強忍著笑，說了兩句臨別贈言：「收好了，夥伴們，這東西可是很難得的。」隨後他轉過頭對銀行主席

說：「嘿，伯南柯，趕在營業之前把魚送到銀行去。」

伯南柯如釋重負說：「沒問題，閣下。我已經安排好一組技師在儲藏室裡待命了，魚一送到，他們就會開工，存戶們今天就能拿到魚。還有，不同於昨天，今天的魚骨頭上會有不少肉的！」

美索尼亞國的經濟史從此展開了新的一頁，每天都有一艘中島帝國的貨船運魚過來，然後換到一堆新鈔票回去。

中島帝國面臨的主要問題是怎麼處理這些鈔票，最好的辦法可能就是用它們購買美索尼亞國的產品，像是中島帝國需要漁網提高

捕魚效率，而美索尼亞國織的網是最好的，因此艾伯漁網公司接到了一筆很大的訂單。

該買的東西都買了之後，中島帝國還剩下一些鈔票。由於他們國內沒有銀行系統，便決定將貿易順差存入魚邦儲備銀行，這樣至少還能賺些利息。

這些交易大大促進了美索尼亞國的發展。一方面，國外需求促進了當地經濟；另一方面，中島帝國存入銀行的魚也使可用的貸款大幅增加，就算美索尼亞人消費比儲蓄多，銀行仍然有足夠的魚可以拿出來以很低的利率提供貸款。

有了大批的真魚，官魚骨頭上的肉多了起來，美索尼亞國的通

魚膨脹問題基本上消失了，官魚變得比以前大，物價停止了上漲，人們的生活水準也再度提高。

中島帝國這邊也有了日新月異的轉變。

後知後覺的國王終於意識到國內經濟模式的致命缺點：如果島民們必須上交所有的魚，他們永遠不會賣力幹活。國王想通了這一點，於是從美索尼亞國購買了漁網，然後進行了翻天覆地的政策改革，凡是從國王這裡購買漁網的人，都可以把多出來的魚留歸己有；想當然，島上的捕魚活動活躍了起來。

中島帝國的島民們非常明智地用他們累積的儲蓄購買了資本設備擴大了生產，企業家們依照國王的要求，生產那些可以兌換成魚邦儲備券的產品；因為美索尼亞國掌握著所有的魚邦儲備券，所以中島帝國的工廠集中生產美索尼亞國人想要的東西。

有了激勵捕魚的制度以後，中島帝國很快就累積了不少儲蓄，並擴大了生產，中島帝國的企業家們現在也有能力建工廠製造其他產品了，比如湯匙和碗；儘管大多數中島帝國人自己還缺少這些東西，但他們卻把這些商品賣給美索尼亞人。你也許猜到了，這樣做是為了賺取更多的魚邦儲備券。

## 現實連結

　　多年來，經濟學家對美中關係的理解一直是錯誤的。大多數人認為那是一種互利互惠的雙邊關係：美國得到廉價商品和貸款，中國得到製造業的就業機會。然而，這真的是一種雙贏的安排嗎？

　　美國人占了便宜：他們不用生產就可以得到商品，不必儲蓄就可以得到貸款；然而對於中國人來說，他們辛勤工作卻不能消費自己生產的產品，他們努力儲蓄卻得不到貸款。

　　美國的低利率很大程度歸功於國外的高儲蓄率，大多數當代經濟學權威都沒有意識到這一點。記住，想要借貸，就必須先儲蓄。幸好對於美國來說，全球化的經濟使得借與存的關係不再受到國境的限制。

　　到目前為止，美國手中的王牌一直是美元的地位。作為世界的官方儲備貨幣，美元是一切國際貿易的結算貨幣，也就是說，不僅僅是美國的交易夥伴，所有人交易時都需要使用美元，所以即便沒有人購買美國的產品，人們也需要美元。沒有任何其他國家的貨幣能有美元這種好運氣。

　　外國人持有的美元很多都存在美國的銀行裡，因而又可以借貸給美國人，如此一來，美國人即使不儲蓄也可以獲得貸款。

　　由於人民幣和美元緊密掛鉤，中國當局自然會希望公民至少將
儲蓄的一部分兌換成美元持有。

　　如果沒有中國和其他國家的儲蓄，美國人以及美國政府想要借
錢就會很困難，他們將不得不承擔高額的貸款利率；對於靠貸款推
動的美國經濟而言，利率走高和信貸緊縮將是一個致命的組合。

　　目前美國領導人和中國的衝突不斷升級，在他們決定與中國劃
清界限之前，需要好好認清這條生命線。既然這種關係不可能永遠
持續下去，結束得越早，痛苦就越小，對美國人來說尤其如此。當
一個人白吃白喝得越久，有朝一日沒得吃時，就越難自食其力了。

第十二章

# 服務業
# 是如何崛起的

## The Service
## Sector Steps Up

中島帝國的儲蓄大量湧入，貸款利率隨之降低，這使美索尼亞國企業家們的投資熱情高漲。但是由於捕魚和製造業的工作越來越多地外包給中島帝國，他們提出來的商業計畫和以往大相徑庭；現在大多數商業計畫更青睞那些需要本地員工提供服務的專案，這類工作無法外包，而且需要的資本較少。

　　在美索尼亞國第一次經濟會議上，伯南柯發表了一次著名的演講來解釋這些變化。他認為美索尼亞國的經濟已經發展到了一定程度，捕魚和製造業這類低階勞動應該外包給窮國，而美索尼亞人則可以自由地從事更加複雜的服務業工作，比如廚師、演說家和藝術家。

由老查理創立的老字號「查理衝浪公司」就是一個很好的例子，這家公司的幾代傳人一直製造衝浪板，並且非常成功，現在公司正在朝新的方向發展；查理的後人借了一大筆貸款，擴展了業務，建起了衝浪學校，共有十二座嶄新的校園遍佈全島。

　　不僅如此，公司還達成了一項在中島帝國生產衝浪板的協議，向外國工人支付魚邦儲備券，但是高附加價值的衝浪板設計和衝浪技巧培訓業務還保留在國內。

　　不久，服務業蓬勃發展起來，以前遍布全島的製造工廠如今都被主要經銷進口貨物的零售公司取代了。

參議院為了取悅選民，制定了名目繁多的法規、費用和稅捐來限制選民不喜歡的企業，因而加速了外包的趨勢；種種阻礙使得美索尼亞國的企業在新的島際競爭中逐漸喪失競爭力。

與此同時，在海的那一邊，中島帝國也正經歷著變革……不出所料，因著中島帝國引進的漁網技術，加上個人利益的驅動力量，捕魚效率大大提高了。中島帝國存夠了錢，建造了很多巨型捕魚器（美索尼亞國原捕魚器的設計者控告他們侵犯智慧財產權，但在中島帝國完全沒有勝訴的可能），他們實行二十四小時工作制，三班輪值不間斷捕魚，這些魚大部分都出口到了美索尼亞國。

　　由於捕魚的生產效率提高，工人們可以騰出時間從事其他工作，主要是與製造業相關的工作。

一船接一船的魚和貨物漂洋過海運往美索尼亞國，同時，魚邦儲備券如潮水般流向中島帝國。

　　在正常的貿易關係中（比如小鼓島和旋舞島之間的貿易），中島帝國的產品應該用來交換所需要的美索尼亞國產品，但是中島帝國想要累積鈔票的意願導致了兩者間完全不同的關係，即一座島主要負責生產，另一座島主要負責消費。

　　中島帝國的國王為什麼能夠容忍這樣的安排呢？很多人都想不明白。但是與他以前的一些計畫相比，這項政策顯得合乎邏輯，該政策使得國王穩坐江山，但是中島帝國製造衝浪板的工人卻沒有得到什麼實際的好處，他們整日忙於工作，自己連衝浪的時間都沒有。

　　當然，中島帝國人相信他們最後總會得到回報，到時他們就可以不用捕魚，靠儲蓄就能安然度日了。然而，中島帝國人卻沒有意

識到，美索尼亞國連養活自己百姓的能力都沒有，怎麼可能為他們兌換鈔票呢？

在美索尼亞國的另一次經濟會議上，伯南柯聲稱雙方的這種關係堪稱最新也是最有效的經濟分工典範。

他解釋說，美索尼亞國在消費方面有一定的優勢，這對整個海域都是有利的，他指出，任何其他島嶼的居民都沒有這麼強勁的購買力，美索尼亞人的消費能力是最可靠的；美索尼亞國擁有寬闊的道路、豪華的汽車和奢華的豪宅，所有的一切都使他們成為最有消費能力的消費者！

美索尼亞人樂觀進取，即便身無分文也敢花錢，因此其他島嶼

可以更有效地把消費外包
給美索尼亞國！

　　另外，伯南柯也解釋
說，中島帝國最善於儲蓄
和製造商品，因此他主張：
「將製造業外包給中島帝
國，效率更高。」

### 故事引申

　　與大多數同時代的經濟學家一樣，伯南柯認為消費是經濟
發展的內在動力，因此最大的消費群體就是經濟增長的引擎。

　　盡情購物要比賣力工作更讓人快樂，這一點連傻瓜都知
道。但是，是賣力工作的人，而不是盡情購物的人，在第一時
間將商品放在貨架上。沒有生產，何來消費？一旦某個產品被
生產出來，它將必然被用於銷售，其中可能發生變化的只有其
購買者及售價。

# 現實連結

　　過去十年，全球經濟失衡是大多數重量級經濟會議上常常討論的問題。雖然人們為此發表了無數的演講，寫過長篇累贅的報導，這個問題卻絲毫沒有得到解決。

　　全球經濟失衡最明顯的證據就是美國的貿易逆差。在美國歷史上的多數時期，出口都大於進口，造成貿易順差。在有些年份，尤其是接近 20 世紀中葉的時候，貿易順差額還相當巨大；美國利用這些盈餘在國內建置了更多資產，在國外也購買了不少資產，這個過程讓美國成了世界上最富有的國家。但是到 1960 年代末，貿易平衡被打破了；從 1976 年開始，美國常年處於貿易逆差狀態。

　　美元的儲備貨幣地位在貿易逆差的擴大上扮演了關鍵角色，如果沒有全球經濟體系對美元的內在需求，任何國家都無法長期維持這種失衡狀態，因為各家企業和各國政府通常都會拒絕用商品來交換實質上無法購買任何東西的貨幣。

　　在 1970 到 1980 年代，美國的貿易逆差為 100 至 500 億美元，雖然數額巨大，但仍在掌控中；到了 1990 年代，貿易逆差突破 1,000 億美元關卡。雖然數額大得驚人，但與美國巨大的經濟總量相比，這個缺口相對不大，可是一進入 21 世紀，情況就變得嚴重了。

21 世紀的前十年是中國作為出口型經濟大國崛起的十年，在這十年裡，美國的貿易逆差平均每年都達到 6,000 億美元，2006 年更是攀升到令人咋舌的 7,630 億美元，這意味著每個美國人，不論男女老少都要分攤 2,500 美元。

　　幸好，自從 2008 年經濟衰退開始後，美國的貿易逆差有所減少。但是正如我們親眼所見的那樣，美國的政策很快就終結了這種積極反轉的趨勢，貿易逆差又再度上揚。

　　正常來講，貿易逆差能夠自我調節。如果一個國家處於貿易順差狀態，也就是說其出口額大於進口額，就會在國際上形成對其貨幣的需求，如果你想要該國的產品，你就需要該國的貨幣。所以強勢的貿易地位會使一國貨幣走強，弱勢的貿易地位則導致該國貨幣疲軟；如果沒有人想購買你的產品，也就沒有人需要你的貨幣。

　　但是當一國的貨幣升值，該國的產品就會顯得比較貴，這就給了貿易弱勢地位的國家（幣值較低）將商品賣入該國市場的機會。隨著他們的商品銷售得越多，國際市場對其貨幣的需求也就越大，這股貨幣平衡力量會使脫韁野馬般的貿易失衡得到控制。

　　然而，美元的儲備貨幣地位以及中國政府保持人民幣與美元掛

鉤的決定破壞了這個機制,使危險局勢越發不可收拾。

近幾年來,為了給本國出口企業提供一種理論上的優勢,多國政府廣泛推出多項措施抑制其幣值,這些措施引發了所謂的「全球貨幣戰爭」──這是一種非常讓人摸不著頭緒的對抗,因為對抗的目的通常不能除掉對手,反而是幹掉自己。

儘管一個國家可以透過有效的操作手法向外賣掉更多的產品,但在這個過程中可能會損失部分利潤;廉價貨幣同時也會提高進口成本。出口的目的說穿了不過是為了換取進口,當一個國家故意弱化本國貨幣來刺激出口,結果只是讓人們必須更加努力地工作賺錢來買變貴的進口商品,這便意味著人們的生活水準會下降。

第十三章

# 「魚本位」的破滅

## Closing the Fish Window

魚邦儲備券繼續如潮水般流出美索尼亞國，在大洋中的其他島嶼上堆積成山。終於，一些外國持有者開始質疑這些儲備券能否兌換成真魚。

　　小鼓島的領袖查克・小鼓很有個人魅力，他藉由嘲笑美索尼亞國的傲慢與強勢而在國內廣受支持；他認為接受魚邦儲備券只是加強了美索尼亞國的經濟實力，於是他開始派遣一批又一批的金融特使去銀行窗口兌換真魚。

頻繁兌換真魚開始對存魚造成衝擊，技師們又忙碌了起來，他們不斷地切割、重組，官魚越變越小，通魚膨脹又有抬頭之勢，使得美索尼亞國的經濟再度惡化。

　　新當選的議長靠布柱‧迪克森從他的經濟顧問那裡得知，如果其他島嶼都效仿小鼓島，整個海域範圍的兌現風潮就會清空魚邦儲備銀行的儲藏室，而魚邦儲備券就會變得一文不值。

伯南柯和參議員們開
始發愁了。

靠布柱不敢讓他的人
民吃苦還債，所以他決定
讓外國人承擔損失，他
對外國儲蓄者關閉了銀行
兌換窗口！從那時起，魚邦儲備券的價值不再取決於它能夠兌換成
魚，它在國際市場上的價值將只由對方想交換的商品價值決定。實
際上，只有美索尼亞國保有經濟和軍事大國的地位，魚邦儲備券才
具有價值。

　　「魚本位」的破滅導致很多島
嶼對魚邦儲備券失去了信心，

　　毫不意外，魚邦儲備券的價值
暴跌。然而由於魚邦儲備券仍然是
最常見的貨幣形式，價格最終還是
穩定下來。對於美索尼亞國參議院
而言，關閉銀行兌換窗口使得他們
安然度過危機，避免了丟掉政權之
禍（這其實是參議員們唯一擔心的
問題），靠布柱大大鬆了一口氣。

查克・小鼓勃然大怒，發表了很多頗具威脅性的演講，但他的努力大多是象徵性的，撼動不了美索尼亞國的地位。

不幸的是，靠布柱因為隨後發生的「水蛇事件」下了台，因為他被發現藏了一大堆偷來的爬行動物。

隨著貨幣危機解除，通魚膨脹基本上消失了。另外，儘管銀行關閉了兌換窗口，魚邦儲備券的地位並沒有動搖，美索尼亞國的經濟穩定了下來。幾年以後，羅非·紅魚當選議長，進一步推動美索尼亞國走向繁榮富強。

羅非成功地降低了稅收，放鬆了管制，還減少了與其他島嶼進行自由貿易的壁壘。然而他減少政府支出的承諾並沒有兌現，雖然他營造了良好的經濟氛圍，但是參議院的收支差距還在持續擴大，經濟狀況危在旦夕。

好在仍有國外的鮮魚源源不斷地湧入銀行，用來跟魚交換的鈔票流通到了國外，卻永遠不能再兌換成魚；有了這麼一個聚寶盆，美索尼亞國進入了表面上看來前所未有的繁榮時期。

在有文字記載的歷史上，人類曾把各種物品當作貨幣，食鹽、貝殼、珠子和牲畜都曾流通一時，但最後金屬（尤其是金銀）成了最普遍的貨幣形式，這絕非偶然。貴重金屬擁有貨幣的所有價值屬性和使用屬性：儲量稀少、人人想要、質地均勻、性質穩定、延展性好。

即便人們不想用貴金屬充當貨幣，貴金屬依然因為有其他用途和儲量稀少的特性而具有價值。

相反地，紙幣只有在足夠多的人願意使用它來交換產品和服務時才有價值，因此紙幣的價值完全由人主觀決定。由於紙幣可以無限量地發行，並且沒有內在價值，如果人們對紙幣失去信心，它們就會變成一堆廢紙。

雖然經濟學家聲稱已經預見到了這一切，但事實上，從長期來看，我們並沒有預見全球經濟會建立在一種不可兌現的貨幣（通常稱之為「法定貨幣」）的基礎上。「法定」（fiat）一詞來自拉丁語，字面含義為「讓它成」（let it be done），我們用這個詞是想表達紙幣本身沒有內在價值，是因為政府的命令而具有價值。

　　歷史上不乏失敗案例：某些政府陷入財政困境，走投無路之下，就把發行毫無價值的紙幣當作救命稻草，這些做法最終往往悲劇收場，國民損失尤其慘重。

　　這是因為，如果某個國家的鄰國仍舊發行真實貨幣，而這個國家卻想持續發行毫無價值的紙幣，那是絕對行不通的；外國人當然拒絕接受毫無價值的紙幣，最終國內就會出現買賣真實貨幣的黑市。

　　但是現在我們正處於一個宛如「夢遊仙境」的世界，在過去的四十年中，沒有任何國家發行過真實貨幣——這是有史以來最大的貨幣實驗，沒人知道這個實驗何時結束，結果又會如何，但可以肯定的是，這個實驗總會有結束的一天。

第十四章

# 小屋價格
# 是如何漲上去的

## The Hut Glut

儘管查理衝浪公司成功地轉型服務業，但銀行在給此類高風險的服務業提供資金時還是十分謹慎小心。銀行想尋找一個安穩的項目，最後他們盯上了島上沉睡著的小屋貸款市場，認為那是低風險貸款的理想對象。

　　在此之前，在島上的全面經濟藍圖中，小屋市場從未獲得過顯著的地位。小屋很適合島民的生活方式，最初是很樸素的，但是由於經濟繁榮、利率降低，人們開始需要更新、更大、更美觀的小屋。

以前，島民需要儲蓄很多年，然後一次拿出大量的魚來買一間小屋。後來銀行開始向島上信譽較好的人提供小屋貸款；有了貸款，即使借款人目前的儲蓄額低於小屋的價格也沒有關係，他們不必再等就可以直接入住。

　　雖然小屋貸款不能提高島上的生產能力和借款人的還款能力（商業貸款則可以），但是這些貸款安全性很高。與那些借給前途未卜的企業家的商業貸款不同，小屋貸款有天然的抵押物，也就是所購買的小屋，如果借款人不能還款，銀行還可以沒收小屋，把它賣掉來償還貸款。

　　即便如此，銀行也不能保證收回全部貸款，因此為了抵銷這個風險，銀行要求借款人先交大量的魚作為頭期款；有了頭期款，銀行就獲得了一定的信心，相信借款人會繼續還款。如果借款人不能歸還所有貸款，這種做法也能減少銀行的損失。

　　有些島民憤憤不平，因為並不是所有人都有機會獲得小屋貸款，富人通常很容易得到貸款，而沒有儲蓄或信用紀錄較差的人就沒那麼幸運了，窮人似乎被剝奪了使用島上財富的權利。有參議員認為這是有用的競選議題，於是插手進來想解決這個問題。

　　參議員克里夫・考德認為擁有小屋是美索尼亞夢的核心，因此他制訂了一個計畫，讓政府幫助每個人得到小屋貸款。

　　為推動這一進程，考德創立了兩個半官方機構「房利美」和「房

地美」，不僅為小屋貸款做擔保，同時也收購銀行不願意持有的貸款。儘管「兩房」（房利美和房地美）並沒有明確的官方擔保，可這座小島上的每個人都相信參議院不會令他們失望；懷抱這個信念，放款人們便不再擔心符合「兩房」標準的小屋貸款損失了。

於是，小屋貸款的利率和放貸標準急遽降低，銀行將貸款提供給「兩房」的話，很快就能收回本金，接著就能放出更多貸款！

小屋貸款專案彷彿給銀行打了一針強心劑，現在它可以幾乎毫無風險地賺錢；同時這個專案也很受選民歡迎，他們不必辛苦花費半生積蓄才能買下一間小屋。由於考德在整個事件中表現出來的精明能幹，使他後半生一直穩坐參議員的位置。

　　學利美是政府設置的另一個機構，旨在為想進入衝浪學校學習的年輕人提供貸款。政府擔保的助學貸款吸引了越來越多的島民到學校學習如何提高衝浪技術。

　　因為人們很容易就能得到學利美的貸款，查理衝浪公司不必擔心高學費會嚇跑消費者，所以大幅提高了學費，不久之後學費的增長幅度就遠遠超過了總體的通魚膨脹率。大多數經濟學家都認為，更高的價格是衝浪學位社會價值提升的表現。

　　為了跟上學費增長的步伐，學利美持續提高助學貸款的額度。幾年以後，衝浪學校的助學貸款就成了島民一生中極大的開銷之一。

同樣是在「兩房」的作用下，島上的小屋建造、小屋銷售和小屋裝修業務，也轟轟烈烈地發展起來。這些活動吸收了越來越多的產能，卻沒有換來更多的真魚，也沒有提高任何人償還小屋貸款的能力。

### 故事引申

雖然這些貸款政策看起來好像是各方都受益的策略，但實際上整個系統製造了更大的風險。

參議院推行的刺激政策向小屋貸款和助學貸款傾斜，其他沒有政府擔保的貸款受到影響，擾亂了信貸市場。參議院鼓勵放貸並非因為那是使用儲蓄的最佳方式，而是因為幫助人們獲得小屋和教育機會有助於政治綁樁。

因為有「兩房」的擔保，小屋貸款利率下調，島民就能獲得更大額的貸款，結果就像衝浪學校的學費一樣，小屋價格也開始明顯上揚。隨著小屋價格的不斷上漲，在島民看來，購買小屋不僅僅是一筆可以承擔的費用，還是一項重要的投資；人們認為購買小屋比儲蓄更划算，更能為以後的幸福生活提供保障。

　　參議院還宣佈小屋買賣產生的大部分利潤都享受免稅優惠，而且小屋貸款的利息還可以從每年的魚稅中扣除，這就進一步刺激了小屋產業；買賣小屋成了比創業和儲蓄更有利可圖的事，於是島上有了更多的新成屋。與此同時，島上的儲蓄和新企業則不斷減少。

　　後來小屋價格飆升，貸款總額達到了參議院為「兩房」設定的上限，此時議長考德不可避免地介入，他宣稱「兩房」政策的基本狀況良好，要求參議院提高貸款上限，降低頭期款和信用標準以確保人們買得起小屋。他真是個常勝將軍，總是能說服成功。

　　「兩房」的老闆都是考德的老朋友，為了答謝考德的幫助，他們為他的連任選舉貢獻良多，還為考德的小屋貸款提供了友情價。

由於「兩房」向投資者提供的報酬率大於魚邦儲備銀行的利率，中島帝國人就把他們貿易順差的一部分投到了「兩房」中。有了參議院為「兩房」的償付能力做擔保，中島帝國人對這兩個借貸機構很有信心。

中島帝國的投資流入小屋貸款市場，大大增加了信貸供給量，進一步壓低了貸款利率，也代表更多的人可以得到大額貸款。因為輕而易舉就能獲得大額貸款，購屋者把謹慎拋到腦後，房價在不斷哄抬下被提得更高了。

看到了潛在的利潤，曼尼七世也大舉進入小屋信貸市場。作為島上第一位風險投資人的後代，他注意到有一些貸款風險極高，即便是「兩房」也不願意涉及，但是考慮到當前的小屋投資狂潮，他相信自己可以憑藉曼尼的威望說服買家，讓他們相信這些貸款是可靠的。

曼尼開始為島民提供一項叫作「小屋增貸」的新貸款業務，允許小屋所有者用更大數額的貸款替代小屋原有的抵押貸款；新的貸款不僅能夠償還原來的貸款，剩下的錢還可以裝進借款人的口袋。小屋價格的上升也證明大額貸款是有市場的，有了曼尼的「以小換大」貸款，任何擁有小屋的人都可以得到幾乎免費的魚。由於曼尼向借款人收取較高的利率，因此他給投資者的報酬率也很高。「兩房」見狀也想分一杯羹，它們希望考德允許它們購買這些風險更高、收益也更高的貸款；在成交之後，「兩房」就成了小屋增貸市場中最大的貸款人。

住宅融資無疑為小屋裝修業打了一針強心劑，使這個產業成了經濟活動的一個重心。屋得寶是一家全島範圍的連鎖店，主要進口

小屋裝修材料，並雇用多位專家向大家展示怎樣透過小屋裝修賺更多的錢。一個廣為流傳的說法是，在裝修上投入一條魚，賣出小屋時就能賺兩條魚；沒有人確切知道這是為什麼，但是專業人士怎麼會錯呢？

　　小屋變得比以前奢華得多，火爐上鑲嵌著打磨過的鮑魚殼，懸掛水桶用的是高檔的絲線繩，不少小屋鋪的都是名牌茅草，室內都裝有寬大的玻璃窗。

　　很快，基本的居住用小屋已經無法滿足島民的需求，他們開始修建度假用的小屋，並把修建小屋作為一種投資；有些島民甚至直接在普通小屋上面加蓋度假用小屋。

　　可是後來有件怪事發生了：小屋價格開始瘋狂飆升。其中的原因一方面是存在「以小換大」貸款、低頭期款（或零頭期款）和小屋利潤免稅的政策，另一方面則是銀行在「兩房」擔保下大量放貸的結果。以前小屋價格通常一年上漲幾個百分點，而現在一個月就上漲那麼多！就算再差的小屋也有人搶著要。

局勢發展得超乎想像，傳統的支付能力標準不再適用。以前島民只會用年收入的兩三倍買小屋，現在他們要花掉年收入的一、二十倍，人們明知負擔不起還要買小屋，是因為他們相信買入的小屋幾年後可以賣個好價錢。有這麼好的增值前景，又沒有什麼風險，加上政府的一系列鼓勵政策（包括人為造就的低貸款利率），沒有人能抗拒這種誘惑。

　　然而，快速飆升的小屋價格給參議員們帶來了實惠，輕而易舉獲得的財富讓選民們感覺自己很富有，也間接證明了參議員們的英明，參議員們自然不遺餘力地維持小屋市場的繁榮增長。

伯南柯和葛林芬向所有人保證不會出現小屋供過於求的局面，因為小屋價格絕不會下跌。

大肆吹捧小屋市場的人不僅僅是政治人物，島上最受尊敬的民間思想家吹噓得最是起勁。在衣冠楚楚的貝里・明太子主持的脫口秀節目中，島民們經常討論時事。一向樂觀的貝里戲稱現在這個時期為「金魚經濟」；卡普・蓋佛等專欄作家也告訴島民們，小屋市場崩潰是天方夜譚，現在的銀行優惠政策是前所未有的；另個專家唐・拉斯芬建議消費者小屋能買就買；客串嘉賓派克・基夫一向笑料百出，他警告人們小屋市場崩潰即將來臨，引起了陣陣哄堂大笑。

## 現實連結

　　現在，慘痛的事實告訴我們每個人，美國在房市泡沫膨脹和破滅的過程中體會到了喜悅和痛苦。因此，我們必須銘記危機曾經近在咫尺，而絕大部分經濟學家、政府官員和金融評論家都沒能預見災難的來臨。

　　這就好像一場五級颶風已經距離邁阿密海岸僅十幾公里了，氣象學家卻沒有預報一樣。主流的經濟學家有多麼愚蠢，似乎不需要更多的證據來證明了吧？

　　任何頭腦清醒的人都能看出，2006 年的房價已經高得離譜了，人們對房價的估計與對自身負擔能力的估計脫節了，所有的數字都不對勁。然而經濟學家卻想出了一些莫名其妙的理論，似乎能解釋房價上漲的原因。

　　但是，人們沒有看透這些吵吵鬧鬧背後的真正目的，政治人物想要用虛假的繁榮維持選民高漲的自信心，企業想讓消費者花錢購買他們負擔不起的產品和服務，有線新聞網想透過描繪太平盛世贏得高收視率，銀行、抵押貸款發放機構以及房地產經紀人想繼續賺取費用和利息。這些利益集團雇用了大批的人粉飾這個最大最醜陋的騙局，而且令人吃驚的是，人們真的接受了他們的解釋。

　　那麼，我們現在終於學會實際一些了，對嗎？大錯特錯！即便在抵押貸款市場崩盤以後，人們仍然不明白政府政策是如何影響房價的。小布希和歐巴馬政府斥鉅資扶持下跌的房地產市場，這意味著政府和聯準會對房地產市場的投入比危機發生前投入得更多，但是人們依然沒有意識到，這些措施是如何支撐房地產市場的價格，並讓我們以後摔得更慘的。

第十五章

# 快了！快了！
# 小屋市場要崩潰了

## The Hut Rut

誰也說不清小屋市場到底是什麼時候開始逆轉的，也許是因為備受矚目的火山景觀公寓建案的失敗。那個建案的設施齊全、空間寬敞，還有無與倫比的海景和火山景觀，但是不知為什麼沒人願意購買。

曼尼是這個建案的主要擔保人，建案失敗後，開發商無法償還工程貸款，讓曼尼受到了很大的打擊。緊張的小屋投資者看到火山景觀公寓建案的損失後，開始仔細審視其他高風險的小屋建案，一種明顯的恐慌情緒蔓延開來。

很快，大小投資者都認為小屋市場已經達到頂峰，不少人決定出售小屋賺取差價，等到更好的時機再投資。

但問題就是——所有人都同時想到了這一點。大多數小屋所有者從一開始就沒打算長期持有小屋，所以小屋市場一生變，所有人都想立即脫手；很快地，島上全是出售小屋的人，卻沒人購買小屋。意想不到的結果出現了：小屋價格不是逐漸下跌，而是直線下降，小屋供過於求的現象很快演變為小屋價格的大規模下跌。

　　想當年，只要擁有小屋就可以輕而易舉地賺錢，如今賣小屋卻成了賠本的買賣。由於小屋價格不再上漲，小屋淨值不再增加，短期炒房也就無利可圖。誘人的獲利不再，過高的貸款額度成了無法承受的負擔。

　　有些借款人本來買不起小屋，他們只希望透過小屋快速轉手來獲利或者得到「以小換大」的貸款，一旦碰到暫時處於低檔的誘人利率調高，這些人馬上就無力承擔小屋貸款，使整個局勢變得更加複雜。由於小屋的價值低於貸款的金額，人們想從巨額貸款中脫身的慾望越來越強烈，尤其是對那些零頭期款購買小屋的人，這些借款人前期沒有投入任何保證資金，就算不償還貸款，讓銀行收回小屋其實也沒什麼損失。

　　由於越來越多的借款人拖欠還貸，曼尼的貸款證券化業務很快宣告破產，久負盛名的曼尼遭受了巨大的損失，隨後「兩房」也宣告破產。

　　因為消費者不再投資小屋，相關產業也陷入了困境，大批小屋

　　建築工人、設計顧問、櫥窗佈置員和電器銷售人員紛紛失業。

　　其他看似毫不相干的產業也受到了衝擊。當初「以小換大」貸款大行其道時，美索尼亞國驢車製造商大賺了一筆，因為那時小屋不斷升值，島民不費吹灰之力就賺得盆滿缽滿，買的車越來越大；在小屋市場最繁榮的那些年，很多驢車都大到需要四五頭驢來拉（問題是大多數的驢都要靠進口）。一旦小屋市場無利可圖，這些「膨風」出來的銷量也一落千丈，使驢車公司相繼破產。

　　小島陷入了歷史上最嚴重的一次經濟危機，失業工人們走投無路，都聚集到參議院門前討公道。

# 刺激景氣援助計畫

　　議長吉姆・巴斯多年來一直不承認島上的經濟有問題，現在後知後覺的他終於開始著手解決問題。

　　他的顧問一致認為應該推出大膽的刺激政策，讓人們重新開始消費，尤其是購買小屋。議長並不理解為什麼儲蓄和生產能夠促進經濟增長，但他仍然決定推出大規模的援助和刺激計畫。

　　「兩房」最先得到了援助，參議院接管了「兩房」，注入了大筆的魚邦儲備券以彌補損失。重組之後的「兩房」按照新管理階層（即參議院）的意願，向所有填寫貸款申請表的人發放超低利率的小屋貸款；它們希望透過持續發放寬鬆信貸，提高市場對小屋的需求，從而阻止小屋價格繼續下跌。

　　後來，由於這些政策沒能挽回局面，巴斯叫來了所有的

高級顧問召開緊急會議，其中包括伯南柯，他曾向巴斯保證繁榮盛世會永遠持續下去。

「我說，小伯啊！」巴斯用他標誌性的平易近人態度說道，「我被你騙了，我還以為經濟是件很簡單的事呢。你知道，他們付出，我們享受，每個人都能擁有一兩套小屋！我們這回怎樣才能讓鯊魚上鉤呢？」其他參議員都在苦苦思索他這句話的寓意，也許真有什麼寓意吧。

「閣下，事情其實很簡單。」新任首席會計師漢克·普蘭克頓說道，「現在小屋價格猛跌，人們覺得自己沒有以前富裕了，因此他們停止了消費。如果我們能把小屋價格推高，人們自然就會開始消費。」

「太好了，小普，就知道你有高招！」巴斯說，「那怎樣才能做到呢？有人負責嗎？這方法聽起來很酷，也許可以讓我的某個最大贊助人來做。」

「閣下，並沒有那麼簡單。」普蘭克頓說，「我們無法下令強制讓小屋價格回升。就像你知道的，因為有我們的支持，「兩房」繼續放貸，不幸的是這還不夠，人們還是不願意貸款，也許是因為申請貸款的過程過於複雜。現在我們需要調低利率，減少小屋購置稅，這樣就會產生貸款需求，小屋價格就會止跌，建築工人也能找回工作。」

普蘭克頓繼續解釋他的計畫：「我們還要保持曼尼的償付能力，這家公司欠民眾很多錢，如果它倒閉了，整個國家的經濟也就完了。我們要保證曼尼所有的投資者都不會蒙受損失，否則我們都要忍饑挨餓，尤其是孩子們。」

**故事引申**

　　島上最不需要的就是更多的小屋。小屋已經夠多了，任何用於小屋建設的資源和人力都是浪費。

　　同理，小屋價格已經夠高了。小屋價格漲到如此令人咋舌的水準，是很多因素共同作用的結果，而這些因素已經一去不返了。要遏制小屋價格下跌的趨勢，就像阻止一座沒有任何支撐的橋倒塌一樣困難。

　　雖然很多島民都因為小屋價格下跌而惴惴不安，但是如果任由小屋價格下跌，同時停止建造新的小屋，反而對島上的經濟有好處，至少在真正的需求出現之前是這樣。這樣一來，人們就不會花那麼多錢購買小屋，而是把錢花在那些經濟發展中缺乏的東西上，比如新企業可能只需要一頭驢拉的驢車。原本用於建設小屋的資源，比如竹子和繩子，也可以用於新的行業。

　　不幸的是，政府的干預阻礙了這些資源的再分配。

「放心，小普，只要有我在，絕不會發生這種事。」巴斯回答說，「告訴他們，我們會出資紓困。我說，你以前不是在那家公司工作過嗎？」

「是的，議長閣下，我以前是那家公司的總裁，但是我認為這和我們的對話無關。說實話，我很不喜歡你這種影射的說法。」

「唉唷，小普，我跟你開玩笑呢！」巴斯繼續說，「好吧，咱們先抬高小屋價格，讓曼尼維持業務，然後我們該如何讓人們再度開始消費呢？魚從哪兒來？我的意思是，據我所知，漁業部遇到了一點麻煩，這不就是他們拿著乾草叉在外面示威的原因嗎？」

「閣下，我們計畫向人們發放新的魚邦儲備券。有了錢，人們就會開始消費了。」

「太酷了！但是我們去哪兒弄魚呢？我們的技師不是已經沒辦法了嗎？」

「閣下，中島帝國人向我們做了新的承諾，他們願意用十萬條魚買我們的自來水系統。」

「等一下，賣掉自來水系統？這會威脅到我們的國家安全！我要是把這樣的東西賣給外國人，島民們肯定饒不了我。不能讓他們向我們提供貸款嗎？」

經過數月的緊張談判，巴斯的大使終於說服中島帝國的代表，讓他們明白美索尼亞國出於政治上的原因無法出售自來水系統。結

果，中島帝國頗不情願地同意了一項十萬條魚的貸款。

「嘿，漢克，」得知喜訊後巴斯說，「好消息，我們拿到貸款了！只有一個問題，我們該拿什麼還貸呢？」

「閣下，我們只需要再印一堆魚邦儲備券就行了，不過這次我們要用最好的紙。」

「嗯，如果他們不接受怎麼辦？不是已經有不少人對我們鈔票的價值說三道四了嗎？就像前幾年的那個查克·小鼓一樣。如果我們發行更多的鈔票，他們不會開始拋售嗎？」

「幾乎不可能，閣下。你想一想，他們手裡已經有很多鈔票了，

如果他們不接受，那些鈔票只會更加貶值。他們現在只能任由我們擺佈，要是情況有變，我們就提醒他們，我們還有『強魚政策』。」

「對啊，我差點忘了，有這個政策真好。我們是不是要全面出動，捕更多的魚來支撐我們的鈔票？」

「不是的，閣下，」伯南柯插話說，「強魚政策只是說說而已，我們實際上什麼也不用做，我們只需要反覆清楚而大聲地強調『強魚政策』；同時，當你在說這幾個字時，握緊拳頭敲桌子效果會更好。」

「太對了，小伯，我在假裝強硬上還是很有天賦的。看來任務完成！走，我們衝浪去！」

    繁榮的房市對整個經濟的影響至關重要，在房市繁榮的巔峰時期，房屋的融資、建設和裝修成了美國經濟的中流砥柱。然而，每個人都只看到了眼前的好運，卻沒注意到未來的損失。

    不僅「炒房者」賺到了大量財富，普通屋主們每年也透過「以小換大」貸款獲得數千億美元，如此一來，房產成了免稅的自動提款機。人們用這些錢翻新房屋、度假、上大學以及買車和電子產品，總體生活水準比房屋升值前提高了。

    但是，這些財富不過是海市蜃樓。

    羅伯・席勒在《非理性繁榮》（Irrational Exuberance）一書中寫道，在 1900 到 2000 年這 100 年的時間裡，美國的房價平均每年上漲 3.4%（只比平均通貨膨脹率略高），這是相當合理的。物價與人們的購買力密切相關，這也是收入和信貸額度之間的機制。

    然而，1997 到 2006 年間，全美房價平均每年上漲 19.4%，漲幅驚人，然而在此期間，收入卻鮮有提高，那麼人們是如何支付高昂的購房費用呢？以上兩個時期的區別在於信貸的多寡，後期美國政府制定了許多政策，使貸款利率更低，獲得貸款也更容易。但是信貸不會永遠擴張，最終貸款條件會變得更嚴格，一旦信貸收縮，

房價就不可能再升高了。

　　所以，當房市到達巔峰，多年來不斷湧入經濟體中的低息貸款就停止了。即便在房市開始蕭條之後沒有其他的經濟問題（實際上是有問題的），少了那些自由現金流，經濟也一定會萎縮。為了恢復經濟平衡，經濟衰退不是必需的，卻是必要的。

　　但是，當經濟開始收縮時，立法者和經濟學家不僅不認為這個過程是多年來擴大銀根及過度消費的結果，反而把它當作問題本身。換句話說，他們錯把解藥當作毒藥。

　　小布希和歐巴馬政府一直都鼓勵消費者像房市崩盤之前那樣消費，但是錢從哪裡來？如果失業率上升，收入和房價下降，消費者怎麼會有這麼多錢呢？

　　經濟學家宣稱，如果人們不能消費，政府就應該採取措施幫助他們消費，但是政府也沒有多少錢。政府所有的就是稅收、借款和自己印刷的貨幣。稅金和借款只是將私人企業的開銷或投資轉移到政府頭上，印製貨幣也會產生同樣的效果。政府將新印製的貨幣投入流通領域，必然會抑制老百姓手中所持貨幣的購買力。

　　最近一次經濟崩潰之後的幾年，印製貨幣的做法帶來了巨大的

貿易逆差，達到每年一兆美元。幸運的是，我們依然能夠在公開市場上出售大部分債務，當然主要是針對外國買家。但是，美國也採取了更簡單（也更不坦誠）的方式避免損失，即透過聯準會將相當一部分債務賣給了美國自己。

但是，美國不會一直擁有這樣的「好運」。最終美國政府只有兩個選擇：拒絕還款（告訴債主美國沒錢，並商議一個解決辦法），或者通貨膨脹（印錢來還債），任何一個選擇的後果都很嚴重。拒絕還款還有可能徹底清算從頭來過，是相對較好的選擇；不幸的是，雖然通貨膨脹在經濟上是較差的做法，在政治上卻有好處。

# 第十六章

# 情況怎麼變得
# 如此糟糕

## Stepping on
## the Gas

雖然巴斯和普蘭克頓推出了援助和刺激政策，美索尼亞國的經濟在小屋大蕭條中還是持續惡化。人們對於購買小屋興趣缺缺，一些島民認為刺激政策中的魚不該用來消費，而是應該將牠們儲蓄起來。由於消費停滯，驢車公司都到了倒閉的邊緣，屋得寶也破產了。失業問題愈加嚴重，島上民怨沸騰。

　　因此，下一次大選至關重要。議長候選人巴里‧奧庫達指責巴斯陣營「國難當頭，無所作為」，他揶揄說，巴斯的政策都是微不足道的折衷政策。奧庫達的競選主軸是「轉型」，他承諾要讓政府盡最大努力挽救美索尼亞國的經濟。

年輕的奧庫達掌權以後改變了巴斯的政策，將刺激計畫擴大為原來的三倍，他還設計了很多新的計畫，將新印刷的魚邦儲備券注入市場。

他提高了政府為購買小屋者提供的援助金額（剛開始只有第一次購買小屋者享有，後來「以小換大」的購買者也獲得了資格），並再次調低了「兩房」的貸款利率。

他注意到衝浪學校的入學率大幅下降，於是增加了對學校的直接援助，並放寬了助學貸款的條件。

他還批准在陰暗沼澤建造一座新的燈塔，儘管工程師們指出這座燈塔毫無用處，奧庫達卻告訴他們，建築工程所提供的就業機會本身就對促進經濟提供強大的動力。

　　奧庫達還堅信有必要開發替代能源，他表示：「社會太依賴驢子了，美洲駝更適合我們的氣候和地貌，美洲駝不僅吃草少，而且步履更穩健，性情更溫和，繁殖速度也比驢子快。更重要的是，美洲駝糞便的氣味沒有那麼難聞。」

奧庫達擘畫了一個多階段的計畫來促進舊經濟轉型。

第一，他將利用大規模的刺激政策，加快以美洲駝為基礎的基礎建設。為此他號召由政府撥款設立一項美洲駝繁衍計畫，還命令驢車生產廠商（現在由政府直接掌管）重新設計車子，以適應美洲駝的特點。另外，他要求在島上所有的車道上面鋪上一層適合美洲駝踩踏的土。

　　第二，奧庫達想出了一個「驢車換駝車」計畫，由政府提供優惠，鼓勵人們以舊驢車換取效能更高的新駝車（這對中島帝國人來說是個天大的喜訊，因為大部分的新車都是他們製造的）。

　　奧庫達和他在參議院的幫手南·莎洛西正準備花費新印刷出來的成堆鈔票，但他們忽略了一個小小的細節：美索尼亞國已經完全沒有存魚了。他們計畫的所有開銷都要依靠外國的資金支援。

　　唯有外國人願意用實實在在的貨物換取他們的紙幣，美索尼亞人才能維持消費大於產出的生活。因此，他們的選擇很簡單：

1. 減少消費，用儲蓄還債。

2. 增大產量，賣掉多餘的貨物還債。

3. 追加貸款，繼續保持現有的消費水準。

在前兩個選擇中，美索尼亞人都要吃苦，要麼努力工作，要麼減少消費，再不然就是雙管齊下。而第三種選擇可以把一切痛苦轉嫁給外國人，毫無疑問，參議員們勇敢地選擇讓外國人當替死鬼；透過這些措施，他們希望恢復國內消費支出，重新建立健康的經濟環境。

### 故事引申

很多人想當然地認為，類似「驢車換駝車」的計畫。具有正面影響，陰暗沼澤建築計畫創造了就業機會。這些方案確實增加了消費，創造了就業機會，這是顯而易見的。

但是，就像參議院出資的小屋貸款一樣，這些絕不是利用島上資源最有效的方式。實際上，這些活動都無法擴大產能。

人們看不到的是，由於稀有的勞動力和資源都用在了參議院認為比較重要的活動上，導致很多其他的就業機會和本來可能形成的機會受到減損。

　　藉由反覆的實驗，市場的力量會找出使用這些投資資本的最佳方式。如果企業因為誤判市場而蒙受損失，投資者就會及時抽身；如果企業順應市場要求並獲得利潤，就會吸引更多的資金，從而擴大產能。

　　這些資源如果用於製作漁網、農業用具和獨木舟，效果會更好；最成功的企業應該是在人們最需要的時候生產他們最需要的東西。然而，現在人們很明顯已經不再相信自由市場，所有人都寄希望於一小撮人，希望他們能夠為整個島做決定。

　　但是，請記得，一國的經濟不會因為人們的消費而增長，而是經濟增長帶動人們的消費。參議員們和顧問們都沒能抓住這個真理，與此同時，大把大把的新鈔票營造了經濟有所好轉的假象。

失業者們得知就業機會在美索尼亞國迅速消失的同時，卻在中島帝國以同樣的速度增加。原因在於中島帝國買了很多魚邦儲備券，抬高了魚邦儲備券的價值，於是中島帝國的產品就顯得物美價廉，令人無法抗拒了。所以奧庫達和莎洛西公開要求中島帝國少買些魚邦儲備券，自然使儲備券貶值，進而讓美索尼亞國的產品回復競爭力。

　　中島帝國如果減持魚邦儲備券，怎麼還能把魚借給美索尼亞國，用以支撐奧庫達提出的消費計畫呢？可是參議員們才不會去想這些，他們只想著借錢，卻忘了總要有人可以借才行。

一些島民開始擔心政府為了償還債務而過度借貸。為了安撫民眾的恐慌情緒，參議院對借款的上限進行了設定，他們稱之為「債務屋頂」，這塊合法的遮羞布使那些參議員可以兩頭獲益。借款有上限會造成一個假象，讓人們以為參議院真的打算解決財政問題。但事實上，每當快要達到借款上限時，他們隨時可以抬高債務屋頂。儘管一些有責任感的議員會站出來阻止過度借貸，對不斷提高債務最高上限持反對意見，可他們往往被歪曲為拒絕支付小島帳單的寄生蟲，沒有一絲責任感。奧庫達向其他參議員保證，這個小島的媒體對他們會唯命是從，可以依靠這些媒體來說服投資者們，使他們相信自始至終不負責任的做法其實很負責任。極為諷刺的是，這個「債務屋頂」居然為參議院頂破債務屋頂提供了完美的掩護！

## 現實連結

　　一兩年後，幾份 GDP 報告（這些報告本身也許並不可靠）少有地出現正增長態勢，一些經濟學家向我們宣布，經濟大蕭條結束了，真正的經濟復甦馬上就要開始了。但此時，失業率仍然處於歷史最高點，待遇優厚的製造業工作持續減少，而薪資低、技術門檻低的服務業工作則不斷增加，許多美國人聽到這樣的好消息，也許會大吃一驚吧！

　　實際上，這次經濟危機已經促使經濟恢復平衡，這個過程會很痛苦，而且尚未結束。2009 年，美國的存款率多年來首次升高，貿易逆差在飆升十年後也開始萎縮，但是小布希和歐巴馬政府的刺激計畫結束了這個進程；美國人本該回到與生產力相稱的生活水準上，但他們的計畫製造了更加巨大的債務，從而延緩了這個過程。

　　但是在不久的將來，也許就在幾年以後，巨大的債務終需償還。從前那些繁榮的歐洲國家正中了債務危機的子彈，到目前為止，美國還算成功地避開了這顆可怕的子彈，暫時躲過一劫。不幸的是，美國的預算赤字年年增長，社會保障和醫療保險體系瀕臨崩潰（一部分原因是嬰兒潮世代退休引起的人口結構變化），

所以這一劫遲早會來，而且會更慘烈。

　　美國政府沒有顯示出任何解決這個問題的意願，他們從來沒有考慮過大幅削減政府支出的可能性，更別說嘗試那樣做了。歐巴馬總統剛上任時，他要求「逐句」審查三兆美元的聯邦預算以找出「無用的開銷」，但這不過是作秀而已，結果只節省了微不足道的 170 億美元，還不到整個預算的 0.5%；而那些提倡削減預算的人則遭到了民主黨和共和黨的猛烈抨擊。

　　如果美國政府不在財政上嚴於律己，美國的債權人（主要是中國和日本）遲早會要求美國那麼做；債權人可以選擇多種方式讓美國就範，最有效的一招就是停止購買美國的國債。

　　目前這些國家的處境與中島帝國相似，一旦他們體悟到不斷借錢給一個付不起帳的顧客是件浪費資源的事，就會改弦更張，那時他們就會把生產力集中到國內消費者身上，這樣他們就能完全享受自己的勞動果實了。

　　當前國際上要求金融改革的呼聲高漲，這些國家雖然也怨言不斷，但他們還是繼續借錢給美國；不過，他們的忍耐是有限度的。

　　現在美國一半以上的政府債務都賣給了外國政府，如果他們拒絕繼續購買，那誰來買美國的國債？美國國內可用的儲蓄少得可憐，美國人自己解決不了這個問題。

　　等到那天到來，美國只有兩種選擇：拒絕還款或通貨膨脹。不論選哪一個，由於購買力下降和利率升高，美國人的生活水準都會急遽下降。

# 第十七章

# 緩兵之計

## A Reprieve

庫達與莎洛西滿心期待他們的各項新計畫能為這座小島帶來極大繁榮，但此時海外接連發生的幾件大事完全搶走了他們的風頭，歐朱尼亞群島爆發了一次更加嚴重的小屋市場崩潰風暴。那裡孕育著悠久的歷史與燦爛的文明，氣候溫和宜人，不遠處就是以海上夜生活聞名的小鼓島；於是一座座海濱度假小屋拔地而起，小屋建設和買賣的熱潮吸引著四面八方的投資者，他們將大量的魚投資在這裡。

　　隨著魚越來越多地湧入群島，新的銀行和投資基金也紛紛建立起來。用於度假小屋建設的大部分魚是經由幾個投資方案籌集的，而這些方案都是根據金融巨頭曼尼先生開創的那些投資模式設計的。建屋熱潮帶來的其他活動不斷滲透到當地經濟的各個方面，這就意味著歐朱尼亞群島的居民可以過上他們根本擔負不起的奢侈生活，於是這裡成了白吃白喝、悠閒生活以及提早退休的代名詞。

　　但好景不長，美索尼亞的歷史在這裡重演了。歐朱尼亞群島的小屋供過於求問題終於演變為小屋大蕭條危機，此時那些野心勃勃的銀行和投資基金陷入了嚴重的困境，許多投資者也倉促地撤出了

現金；歐朱尼亞群島的各類基金迅速跌至谷底，擁有此類資產的各大銀行很快也面臨著全面破產。於是各島政府不停地從其他島嶼貸款來幫助本地銀行擺脫困境，這樣的做法總算解了燃眉之急，但很快，許多人便意識到，歐朱尼亞群島的各級政府實際上對債務清償問題也是一籌莫展，日子不比他們岌岌可危的銀行好過到哪去。於是，一場銀行業危機演變成了一場波及多島的政府債務危機。

在這個緊要關頭，一個名為 IMF（島際海上漁民組織）的跨洋機構倉促成立，並立即推出了一項計畫。

IMF 代表大洋上每個發達島嶼的利益，它從美索尼亞借來了數額巨大的魚邦儲備券（目前仍被視為最可靠的貨幣），並將這些儲備券貸給舉步維艱的歐朱尼亞群島各政府。IMF 相信，在事態發展到無法收拾的地步之前遏制住這場小屋危機，符合整個大洋的利益。

　　有了 IMF 提供的魚邦儲備券，歐朱尼亞政府就能夠兌現其向公民和外國債權人做出的承諾。那些已經退休的人得知不用再次工作，都鬆了一口氣；他們之中有許多人最近剛從衝浪學校畢業，滿心期盼著能再一次過上那種慵懶、悠閒的慢節奏生活。

　　雖然 IMF 提供的緊急財政紓困貸款的利息很低，歐朱尼亞政府仍然需要用真魚來償還債務（其實他們連償還本金的能力都不具備，但似乎根本沒人在意這件事）。

　　儘管面臨著來自 IMF 的巨大壓力，歐朱尼亞群島各政府並沒有推行任何行之有效的改革，結果就連利息的支付也成了巨大的負擔。考量到這裡的政府腐敗，百姓養尊處優、好吃懶做，會不斷逃避自身的責任，IMF 強制要求該群島接受一項「嚴格計畫」，其中包含提高稅收以及減少政府支出等內容。這個計畫遭到當地居民的強烈抵制，他們覺得自己的島嶼好像被不懷好意的外島人控制了。

　　而美索尼亞就要幸運得多，歐朱尼亞群島出現的諸多問題大大分散了美索尼亞民眾對國內矛盾的注意力。面對歐朱尼亞的危機，

整個大洋的投資者的反應都是：從該群島撤出所有魚，不再與這裡的任何基金有任何瓜葛。很多人開始把存款轉到魚邦儲備銀行，畢竟這裡一直是公認的規模最大、資金存儲最充足的機構。事實上，美索尼亞的經濟狀況也是岌岌可危，甚至比許多島嶼還要糟糕，但這種狀況似乎並沒有給存款人帶來多大困擾。實際上，美索尼亞能有驚無險地度過這次危機，完全仰仗該國令人欽佩的歷史和持久穩定的聲譽，人們始終相信該國銀行是不會破產的。

奧庫達將意外之財投入本國的危機應急專案中，他向失業的漁民提供救濟金，同時增加衝浪學校學生貸款的數額，並且推出了魚郵票專案。

雖然有些人最擔心的結果並未出現，但美索尼亞仍未脫離困境。魚的數量已經不足，新公司也無法像過去那樣不斷湧現，工作機會少得可憐，明顯供不應求。僅存的一線希望來自衝浪學校，該校吸引著越來越多的學生，學費也在持續上漲。有鑒於當前經濟停滯不前，島上很多人都對未來的種種不確定感到憂心忡忡，於是採取了明智的做法：他們近乎苛刻地自我約束著，不斷降低消費，重新儲蓄。

　　但當人們降低消費時，商店和企業就不得不做出調整。隨著待售的存貨越積越多，許多商家只好大幅降價以吸引廣大顧客；但價格的持續走低，也就是人們所說的通魚緊縮，開始成為伯南柯擔心的主要問題。他認為價格下跌是自法蘭基・迪普時代的鯊魚大侵襲以來最危險的經濟威脅，且不論當年還曾連續幾年禁漁了；伯南柯解釋，一旦老百姓認為自己想要的東西將來總會降價，他們就會一再推遲購買時間，如果價格持續下跌，人們理論上就有可能一直等下去，直到所有東西都免費贈送；如果那種情況真的發生了，那所有的企業都會破產，全島的經濟會立即退回到網前時代（pre-net era）。

　　對此，他提出了一個名為「量化魚券」（quantitative fishing）的方案，這個獨特的新方法旨在透過向經濟環境注入新的「魚邦儲備券」來刺激需求，但這個方案不是把錢直接送到老百姓手裡（這

樣做看起來像是政府憑空創造出了許多魚邦儲備券一般），伯南柯
提議經由曼尼的投資（尤其是那些針對破舊小屋區改造的投資）注
入這些魚券，而曼尼的再融資基金隨後便會展開自己的各項投資活
動，以需求來促進經濟增長。一旦經濟狀況看似有所好轉，人們就
會開始消費，就好像一切真的好起來了一樣。

　　消費會推動價格上漲，挽救經濟狀況；錯綜複雜的融資管道使
經濟本身看似逐漸好轉。然而，參議院的某些議員卻提出質疑：這
樣一套人為系統是否具備長期的可行性？伯南柯向所有人保證說，
這項計畫只是臨時性的。

　　這個方案最終被定名為「量化魚券一號方案」，即 QF1。該方案推出後備受推崇，華夫街（Wharf Street）再現昔日繁華，大批漁船來到這裡，但這次船上堆滿了鈔票，而不是一堆堆腐爛的魚。這些鈔票直接送到了曼尼的辦公室，這些錢要用來買進拖欠的小屋貸款，重新投資岌岌可危的企業，為學生提供低價的貸款等等。於是，小屋價格停止下跌，逐漸穩定，最終開始上漲。人們覺得比之前富足，於是開始消費，物價也開始上漲，一切都呈現出欣欣向榮的景象。

# 現實連結

　　從 2010 年起，全世界都將目光聚焦在一齣慢動作戲劇上，這齣戲就是將所謂「PIGS」（歐豬，即葡萄牙、義大利、希臘和西班牙）國家捲入泥沼的債務危機。這些國家都有著陽光充足的地中海氣候、璀璨悠久的歷史以及待遇豐厚的社會保障體系，除此之外，它們還都是歐盟成員，其負債水準也都遠遠超出本國的經濟發展。儘管每個國家都面臨著嚴峻的挑戰，希臘卻不幸成為這次危機的標靶。

　　就其經濟狀況的荒唐程度而言，希臘的確特別突出。據一份未經證實的財務報表（其中部分由美國投資銀行高盛處理，該銀行曾涉嫌金融詐欺）顯示，希臘 2001 年獲准進入歐元區，開始使用強勁穩健的歐元作為流通貨幣，代價是希臘要在歐元區嚴格的財政指導下發展經濟。但政治上的獨立以及南北歐之間巨大的文化差異很可能導致嚴重的貨幣亂局，那些一心想推動單一貨幣的設計者當時並未意識到這一點。

　　儘管希臘從 2004 到 2006 年的房地產建設熱潮中獲益不少，但到了 2010 年，一個事實卻越來越清晰：這個國家已經無望償還已有的債務，更不可能兌現對於公民的承諾了。希臘成了一個惡名

昭彰的國家，成了短期工作、長期罷工、提早退休、連續逃稅的代名詞。通常來說，當一個國家淪落到希臘這樣的地步，會透過不履行債務或讓貨幣貶值來應對危機，但作為歐元區的一員，這些做法希臘一項也不能採用。

這起事件導致的政治與經濟危機，使歐洲連年穩居全球經濟新聞頭條；這對美國來講倒是好事一樁，歐洲的諸多問題對美國而言，無異是天賜良機。希臘首都雅典大街上遊行的人群不僅是經濟惡化的醒目標誌，還使恐懼蔓延，令整個歐洲大陸深陷泥淖；這樣的劇變使許多投資基金轉而越過大西洋，尋找更安全的避風港。於是在美國經濟亟須支撐之時，大量資金及時湧入美國。諷刺的是，許多經濟學家對此的評論居然是，歐洲的問題已經成為美國經濟的負擔，然而實際上，這些問題帶給美國的明明是一種福祉。

儘管希臘的經濟狀況遠不能跟美國相提並論，但並不是整個歐洲大陸都不如美國。事實上，德國（*毋庸置疑是推動整個歐元區發展的經濟強國*）的經濟狀況遠好於美國，但歐元區至少得共同面對債務管理失控的困境；美國政府也要做出與歐盟類似的努力才行。雖然歐洲的政治聯盟仍有待完善，至少該組織還沒有為歐洲開出那

一劑最危險的經濟藥方：量化寬鬆。

　　2008 年之前，量化寬鬆這一概念尚未普及，只有大學經濟學系的學生聽說過。然而過去幾年間，量化寬鬆已被越來越多的人視為影響股票、債券和房地產走勢最重要的因素。儘管很多人知道美國依賴量化寬鬆，但很少有人真正看透其本質：向金融市場注入新的資金，以推動價格上漲。實際上，量化寬鬆不過是通貨膨脹的一種委婉表達，它也成為聯準會將政府債務貨幣化的隱秘手段。

　　但想用量化寬鬆政策來修復萎靡的經濟，就好比企圖用汽油去救火一樣，汽油越多，火勢就越旺。如果不知道汽油具有可燃性，你可能會得出這樣的結論：火沒撲滅是因為汽油的量不夠大；要是這樣的誤解不消除，形勢就會持續惡化，直到火勢失去控制。這不正是美國當前經濟狀況的真實寫照嗎？

　　正如本書前文所述，大多數經濟學家認為消費會促進經濟增長，增加貨幣供應量固然會鼓勵人們消費，但對擴大需求卻毫無裨益。需求才是促進經濟增長的真正動力。

第十八章

# 佔領華夫街

Occupy Wharf
Street

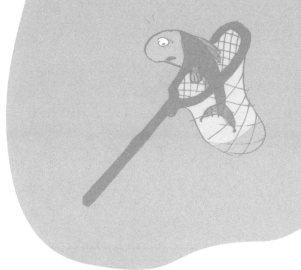

量化魚券計畫實施的頭幾個月，貌似取得了不錯的成效，此時伯南柯卻決定按照最初的規劃逐漸停止這項計畫。他認為量化魚券計畫已經達到既定目標：阻止價格下跌，使消費者重獲信心並開始消費。然而，伯南柯並未想到經濟回彈（其實不過是抬高小屋價格和持有小屋貸款的各項基金價格而已）的整個過程就是建立在干預本身的基礎之上。這座小島越來越依賴量化魚券，該計畫一叫停，經濟泡沫便開始破滅。這顆火種似乎未能點燃實體經濟那根更笨重的木頭，由於債務、通魚膨脹以及政府開銷等諸多問題，那根木頭一直都太過潮濕了。

因此，當漁船載著為數不多的真魚（而不是量化魚券）開進華夫街時，恐慌便蔓延開來。曼尼小屋基金的經理們不能再指望還有閒錢注入，只好相應縮減自己的投資。當各項基金停止發放新的小屋貸款時，小屋購買需求便一落千丈，價格也隨之驟降。

　　此次經濟下滑立刻引起了伯南柯的注意，他不甘心讓不久前施行的量化魚券計畫前功盡棄，於是敦促魚邦儲備銀行推出新一輪量化魚券，也就是後來人們熟知的「量化魚券二號方案」（QF2），這次發行的量化魚券數量和一號方案等量。當一艘艘船又一次送來了魚券，華夫街上人們緊繃的神經總算放鬆下來，基金價格回升，小屋市場又再一次穩定下來。

伯南柯向每個人保證，這次計畫和第一次一樣，只是臨時性的。但是當第二次量化魚券計畫結束時，經濟發展再度停滯。然而這次失敗並沒有讓伯南柯想要重新評估這個自己提出的偉大構想，同時他也不希望人們完全猜透自己，於是他提出了一項名為「壓縮操作」（Operation Squish）的計畫。這個計畫不是簡單地發行新魚券，而是指導魚邦儲備銀行將現有的短期貸款換為期限較長的新型貸款，從而延長還款期，讓那些償還高額小屋貸款非常吃力的人，每月得以少還些錢。儘管較低的利息有助於緩和局勢，可終歸無法平息華夫街上不斷高漲的呼聲：那裡的人們希望再來一波魚券。

最終，伯南柯決定盡量滿足市場需求。為了避免經歷極有可能出現的尷尬結果，他沒有再次宣布實施臨時計畫，而是公布了一項開放式的量化魚券計畫，該計畫將一直執行下去，直到那些永久性債務償清之日為止。華夫街人心沸騰，這項被稱為「無限期量化魚券」的新計畫，為人們帶來了一個清晰的、可以預見的未來，當然還有大量的免費魚。最重要的是，該計畫以迅猛之勢抬高了小屋價格，曼尼那些原本脆弱的投資計畫身價也上漲了。一些觀察家強烈反對這個計畫，像是堅定的懷疑論者派克‧希夫先生便是其中一位。然而島上大多數著名經濟學家的建議如出一轍，他們指出人們只需緊跟潮流即可，他們說：「浪打來時，聰明人是不會問問題的，他們只會緊緊抓住自己的衝浪板。」

　　正當華夫街大肆慶祝之時，島上其他地方仍舉步維艱；許多人注意到官魚變得越來越小（儘管不斷有報導稱通魚膨脹已經結束），失業率仍然居高不下。選民們原本對奧庫達期待很高，而今人們對他承諾的經濟轉型再也不抱任何幻想了。

　　在很多心懷不滿的人看來，華夫街置身經濟陰霾之外是顯失公平的，他們認為畢竟是曼尼及其同夥為人們提供了根本無力償還的貸款，從而加速了經濟的崩潰。許多人甚至懷疑曼尼曾使用不正當手段，強迫島上居民購買他們根本不需要或不想要的小屋；有人甚至斷言銀行家用催眠術誘騙了島民。但當小屋價格暴跌時，華夫街上卻沒有一個人願意承擔責任。

小屋貸款基金得到了魚邦儲備銀行和量化魚券計畫的救助，此時華夫街的基金價格竟然比以往任何時候都還要高。為了平息人們心中的怒火，伯南柯聲稱，曼尼基金和他的同行們「對我們至關重要，大到不能倒」，小島會利用所有的資源幫助曼尼基金脫離險境。華夫街的經理人們似乎從來不需經歷他們強加於別人身上的痛苦。

　　過沒多久，一個由失業工人、心懷不滿的小屋購買者以及難以承受巨額助學貸款重擔的年輕人所組成的臨時聯盟突襲各個碼頭，決心要讓日常商業停擺。他們發起的「占領華夫街」運動激起了公眾的想像力，也象徵著後危機時代人們心中的沮喪與挫敗。

## 故事引申

　　那些憤怒的抗議者並未搞清楚，他們憤怒的矛頭其實指錯了對象。曼尼和他的下屬不應該為這次混亂負責，該負責任的是巴斯、奧庫達、葛林芬和伯南柯這些人。要不是那些政客和銀行家，華夫街上的融資者們早就順理成章地被趕出華夫街了。儘管「占領華夫街」從未真正發展為政治運動，但政客們看到討伐的雙拳揮向了錯誤的方向，心中還是暗自竊喜；許多頭腦精明的參議員不僅投票支持紓困計畫，實際上也參與了與之對立的抗議活動。

　　經濟復甦緩慢，令人們沮喪和困惑。在下次選舉中，經濟問題將成為選民關心的頭等大事。與奧庫達同台競選的對手中，有位外表斯文、髮型講究的米奇‧羅斐先生。起初，羅斐利用民眾不斷高漲的「反奧庫達」情緒而略占上風，但由於其財力雄厚且擔任過華夫街的行政主管，再加上他對任何議題都沒有一個堅定的立場，許

多選民便對他失去信任而漸行漸遠；後來人們還發現他居然在一個外國的地下室裡藏有私魚，此時其候選人地位幾乎不保了。

參與競選的還有另一位候選人唐‧佩奇博士，他是現任參議員。他指稱奧庫達和羅斐提出的方案大同小異，而小島現在需要的就是重拾昔日創造輝煌時的理念：魚的大小合理，政府有所節制，民眾爭相儲蓄、努力工作，以及充分尊重第一代捕魚者留下的規矩等等。只可惜，小島的媒體過於迷戀幾位領先的候選人散發出的明星魅力，沒有精力去關注一匹黑馬。

幸好佩奇的兒子桑迪‧佩奇博士在其父退休之後，也接力坐穩了參議員的位置。

由於兩位人氣候選人奧庫達和羅斐的觀點幾乎沒有實質差別，兩個人身上的符號便成了民眾矚目的焦點。針對羅斐容易引發階級不滿情緒的這個弱點，奧庫達提議富人階層應該提高納稅額，這才是經濟復興的關鍵所在。儘管羅斐爭辯政府支出會帶來更大的危險，但他私藏的那成堆的魚使他很容易成為公眾遷怒的對象，最終連帥氣的髮型也救不了他了。

奧庫達連任之後，參議院部分議員試圖微幅削減政府支出，一些人建議要裁掉在陰暗沼澤燈塔工作的員工（其實看起來真的沒太大用處）。奧庫達和莎洛西對此表示強烈反對；吉爾・格魯曼教授（小島上備受讚譽的經濟學家）也解釋道，政府支出的使用遠不及支出本身重要，他甚至建議政府可以著手準備全面防範小鼓島的新一輪入侵，藉此推動經濟發展。但事實上小鼓島目前一派安定，入侵一說根本就是捕風捉影。

　　但參議院最終還是避開了有關富人增稅和擴大政府支出的艱難決策，轉而實施了一項名為「海洋探索者」的方案，包括適度增稅以及政府支出隨意削減等一系列措施。但是該方案引發強烈抗議，像是格魯曼就指出，不管多大幅度的削減，都會導致「財政懸崖」的危險情形，意味著遭到削減的政府支出會抑制需求，使小島陷入經濟衰退的窘境。

　　同時，伯南柯開始警告人們，如果銀行不發行更多的量化魚券，價格將會面臨全面下跌的危險。島上的居民都不理解為什麼價格下跌成了一個問題，如果生活必需品的價格下降了，人們不就能買更多自己需要的東西了嗎？就連商人也希望物價下跌，成本下降了，他們就可以利用省下來的錢為顧客提供優惠，也能售出更多的商品。儘管這個道理看似簡單，但伯南柯和格魯曼卻使人們相信經濟學是一門科學，只有受過多年學校教育的人才能明白其中的奧祕。

此外，兩人的鬍鬚都相當迷人，這一點在民眾心中很加分。

不久之後，有人開始想，小島要怎樣才能恢復正常秩序？有人甚至直言不諱地指出：當前經濟過於依賴量化魚券。為了緩解民眾的緊張情緒，伯南柯宣布他可以利用「退場策略」這一絕招逐步結束量化魚券的使命。可是伯南柯內心明白自己不過是在虛張聲勢，

他知道，沒有了銀行的支持，曼尼的基金會崩潰，小屋市場會一蹶不振，政府也將喪失償還債務的能力，但伯南柯是決然不會承認這一點的。於是「退場策略」的謊言越編越長，直到他編不下去為止。隨著時間流逝，他的預測越來越含糊，他的承諾也附帶了更多條件。伯南柯延遲的窘迫局面越多，問題就會變得越嚴重。

　　但隨著經濟逐步回暖，小屋與基金價格逐漸回升，參議院和那些經濟學家們也宣布他們勝利了。人們普遍認為，伯南柯比他的歷屆前任都更足智多謀。

## 故事引申

在經濟發展的迷茫期，收入的減少和對未來的恐懼會限制眾多購物者的消費行為，此時，物價下跌會激起人們再次消費的欲望，所以物價的確會對低迷的經濟產生自然的刺激。在 1930 年代的經濟大恐慌時期，物價暴跌。儘管許多現代經濟學家認為，當時暴跌的物價是那場大衰退的成因，而非其結果，但有一點毋庸置疑，那就是當人們找不到工作時，生活必需品的價格下降至少會帶給他們一些安慰。按照那些經濟學家的說法，如果人們必須同時面對上升的失業率和上漲的物價，他們的日子還能好過嗎？

與 1930 年代那場大衰退不同，2008 到 2010 年的經濟衰退期，生活消費品的價格從未下降。考量到當時的經濟混亂是由人們對投機極度狂熱所導致的，古典經濟學本來可以預測到這場混亂過後會出現通貨緊縮現象，但聯準會寬鬆的貨幣政策卻阻止了這種有益的經濟衰退的發生，於是人們只能同時面對經濟緊縮與通貨膨脹兩種困境。

　　遺憾的是，美國人的記性總是很差。過度的借款與支出導致房地產市場出現了投機泡沫，全美經濟因此近乎崩潰，但似乎人們轉頭就忘了這些。到頭來，美國人依舊歡迎那些政策以及更多同類政策，還指望它們將我們拉出經濟衰退的泥淖。聽上去，這樣的計畫當然比另一個方案（明顯不討好的選擇：減少消費、不履行債務、提高儲蓄）更加容易。這就好比以毒攻毒的解酒法一樣，以為宿醉之後最好的醒酒方法便是在清晨再來一口烈酒；但只要有酒鬼，這個藉口就能一直奏效。其實有時候，宿醉之後最好的解藥就是一杯黑咖啡外加幾片白吐司麵包。

　　2008 年房市崩盤前夕，美國用巨額借款來建設和銷售房屋，但實際上人們並沒有那麼大的需求。事實證明，這些錢用錯了地方。正是由於我們把錢花在了不需要的東西上，所以才沒有足夠的錢來換取我們真正需要的，例如擴大工業生產基地。

　　政府並沒有運用市場的影響力來調整泡沫經濟，將其導向健康可行的軌道，成為能夠持續有機增長的經濟，反而一直使泡沫不斷膨脹。經濟崩潰後不久，政府借款數目就超過了先前從私人企業縮減下來的借款數目。

第一輪量化寬鬆政策於 2008 年底和 2009 年實施。當時作為「一次性」計畫，購買了大約兩兆美元債券，這些債券以住房抵押貸款和政府支持的機構作為擔保。當時，許多「有毒」債券由那些最大的銀行和投資基金持有，若它們被迫在公開市場上拋售債券，其可能帶來的損失將會造成一片恐慌，市場也會隨之癱瘓。若此時聯準會主動介入，購買一些沒人要的債券，市場就會如釋重負。

當 2010 年第一季度，聯準會的購買量開始逐漸減少，股票市場很快就被拋售一空，這時有些經濟學家開始警告人們將會出現經濟「二次衰退」（double dip recession）。同年 11 月，聯準會又一次啟動了量化寬鬆政策，包括更大手筆地購買國債，這一舉措使得利率降到了歷史最低點，但似乎沒有人關心聯準會的下一個更大舉動──購買最大規模的國債──這個過程叫作「債務貨幣化」。通常這個舉動被視為一個國家在絕望之時所做的垂死掙扎，但在這個案例中，此舉不過被視作促進經濟復甦的正當手段而已。

在 2011 年第二和第三季度，當第二次量化寬鬆政策逐漸停止時，市場又一次出現轉壞的跡象。之後聯準會推出了「扭轉操作」（Operation Twist），將短期債務換成長期債務。在這計畫失敗後，

聯準會最終決定繼續實施量化寬鬆政策，每月投入 850 億美元，國債與抵押債券大約各占一半。

儘管長期實施量化寬鬆政策為股票市場帶來諸多益處，也重新造就了房屋市場的繁榮，但這項政策對真正的經濟發展卻作用甚微，這就是為什麼在股票與價格高漲的同時，失業率卻始終居高不下，實際收入陷入了停滯。

美國最終付出的代價將是巨大的。到目前為止，聯準會是國債與抵押債券最大的買家，只要這個債主停止購買，兩個市場中必有一個會受到嚴重破壞；這種依賴情形意味著聯準會絕對不能破產，這也就是為什麼關於聯準會「退場策略」的預測，會讓步給手段更為溫和的量化寬鬆「遞減」策略。他們能做的所有事情，就是盡力迷惑市場，使其相信將會有真正的「退場策略」。最終他們的蒙蔽能力也有走到盡頭的一天。

真正的問題在於，當最後關頭來臨時，美國會有更多的債務要應對；美國的經濟面對量化寬鬆將會黔驢技窮，剩下的只有債臺高築的困境。今天的經濟學家需要看清量化寬鬆的真正面目：它是延長經濟衰退的辦法，而不是促進經濟復興的良方。經過多年的失敗，他們需要試試新方法。

第十九章

# 無魚不起浪

The Fish Hit
the Fan

大洋彼岸，中島帝國人對美索尼亞國參議員的計畫卻沒有那麼熱心。工人們聽說又要拿出很多真魚購買魚邦儲備券，社會發生了一些動盪。

辛辛苦苦地工作，收入卻很少，這讓大多數中島帝國人感到沮喪。因為他們的政府不能提供像美索尼亞國那樣的社會保障系統，中島帝國人通常都會存很多錢，這樣才不至於無家可歸或者老無所依。人人賣力工作，沒人家裡有驢子（更別說驢車了），而且幾乎沒人衝浪，即便他們去衝浪，也是四五個人共用一塊衝浪板。

中島帝國的國王也對現在的安排失去了興趣，他對奧庫達宣布的巨大的消費計畫尤為不滿。國王的顧問（多數都是艾里·葛林芬的學生）開始擔心如果中島帝國停止購買魚邦儲備券，那麼本國現

有的儲備就會貶值，這樣一來美索尼亞人就不會再向他們購買這麼多貨物了。

他們聲稱，如果沒有美索尼亞國強勁的需求，中島帝國的出口企業就會倒閉，繼而出現失業、社會不滿甚至抗議運動（在中島帝國，抗議是不被允許的）。國王進退兩難，只好維持現狀，期盼出現轉機。

一天，國王陷入沉思，他的經濟顧問們也外出考察去了，一個普通的農民溜進了王宮，向憂心忡忡的國王進言。

「陛下，請恕我冒昧，但我聽說您正被魚的問題所困擾。也許我能幫上忙。」

「這是涉及貿易、儲蓄、投資和計畫的大問題，你能知道些什麼？」國王大發雷霆。

「我的確所知甚少。」農民讓步說，「但是我知道，在我的村子裡人們除了木碗一無所有。我們就靠出口木碗為生，我們用木碗換來紙幣，存起來養老。我們希望以後能用紙幣買些東西，可惜現在已經沒什麼可買的了。我們出口木碗，但是我們自己卻用不上木碗，我們還是把魚放在地上吃，很不衛生。我們為什麼不自己造碗自己用呢？這不是更簡單嗎？這樣一來，我們就可以藉由自己的勞動提高自己的生活水準。」

「荒謬。」國王說，「不出口產品，人民會餓死的。我們還能怎麼維持經濟？」

「陛下，正如我所說的，我們善於做碗。在您的英明領導下，我們現在能捕獲很多魚，我們要做的就是在國內找到願意用魚換碗的人，如此一來，我們的產能就能在國內消化掉，人民就會有更多的碗和更多的食物。」

國王有些疑惑不解：「等一下，美索尼亞國比我們富有得多。我們的購買力怎麼能比得上他們呢？他們能支付更高的價錢，他們有魚邦儲備券。」

　　「陛下，恕我愚昧，但是我看不出來我們為什麼需要他們的鈔
票；沒有我們的魚和碗，那些鈔票就沒有價值。我們能製造產品，
同樣也能買得起它們。我們只需要不再把好處白白送人。」

　　不知何故，農民簡單的話語居然讓國王留下了深刻的印象。國
王決定改變政策，不再購買魚邦儲備券；從今開始，中島帝國人交
易時只接受真魚！

因為國王不太喜歡農民所提倡的那種迅速轉變，他決定逐步調整。畢竟國王擁有各式各樣的碗，但就是沒有木做的⋯⋯

　　隨著中島帝國原本應該天天送來的魚來得越來越慢，情況發生了變化。魚邦儲備券最大的買主中島帝國減少購買量以後，魚邦儲備券供給過剩。供過於求時，價格就會下跌，使得魚邦儲備券持續貶值，沒人願意繼續持有它。小鼓島和旋舞島也跟上中島帝國的腳步，限制購買魚邦儲備券。在賣家多、買家少之下，魚邦儲備券掉入了萬丈深淵。

　　手裡捧著大把大把不斷貶值的鈔票賣不出去，中島帝國國王認知到事態發展已經超出了他的掌控，他明白中島帝國持有的魚邦儲備券很快就會一文不值，只好告誡自己的子民咬緊牙關挺過這一關。在一次大會上，他向人民保證短期的痛苦很快就會換來長期的收益。

　　不出所料，中島帝國儲備的魚邦儲備券變成了一堆廢紙，很多企業倒閉，經濟陷入混亂。不過，正如那位農民所預見的那樣，其他的企業很快就發展起來，利用閒置的產能製造中島帝國人真正需要的東西。

　　和往常一樣，中島帝國人仍舊捕魚、製造產品並繼續儲蓄，由於這些都是促進經濟增長的重要因素，因此中島帝國沒有陷入經濟危機。實際上，很多產品在國內銷售，國人的儲蓄也都存在國內的

銀行裡，中島帝國的生活水準開始穩步提高。當地的工廠利用以前用於購買魚邦儲備券的儲蓄，購置了生產設備以滿足國內需求；生產的產品變多了，中島帝國的商店裡一下子擺滿了商品，庫存增多導致物價下跌。

正如那位農民所預料的，雖然損失了大把大把註定貶值的魚邦儲備券，但中島帝國卻蓬勃發展起來。

視線回到美索尼亞國，事態的發展方向恰恰相反。目前只有很小型的捕魚器還能用，銀行的技師工作起來比以前更加拼命也更有創意。官魚的尺寸嚴重縮水，通魚膨脹也捲土重來。

　　很快，官魚就小到需要把五十條或一百條捆成一捆，島民每天需要吃兩百條魚才能充饑。任何魚邦儲備券形式的存款都變得幾乎一文不值，這就是所謂的惡性通魚膨脹。

由於進口的中島帝國產品越來越少，美索尼亞國零售商的庫存都在減少；鈔票貶值，商品稀缺，物價開始飛漲。

在一場混亂的公眾宣傳運動中，參議員們指責零售商「哄抬物價」，他們宣稱，只要貪婪的商人同意由政府掌控產品和服務的價格，通魚膨脹就會結束。但是這些措施治標不治本，反而弄巧成拙。政府僅僅限制產品的售價，而且任由貨幣貶值，使得廠家和零售商都無利可圖，因此它們停止了交易；一個黑市應運而生，那裡的售價比法律規定的要高。

島上居民感覺到魚邦儲備券出了問題，紛紛把剩下的積蓄存入海外銀行保值，以免受參議院的剝削。

但是，參議員們注意到了這個趨勢，制定法律禁止向海外轉移存款。

所有人都害怕魚縮水，因此根本沒有人長期把魚存在銀行裡，只要魚捕上來，馬上就被吃掉。就和經濟發展之前一樣，島上沒了儲

蓄，沒了信貸，也沒了投資。

　　參議員們也沒想出什麼好主意，他們又故技重施—研究起下一個刺激計畫。顯然，以前刺激經濟的措施都太微不足道了，下一輪刺激計畫一定要更加龐大！然而卻沒人清楚該用什麼刺激經濟。正當他們情緒低落時，遠方出現了中島帝國的貨船，大家的心情一下子好了起來。

　　參議員們興奮極了！他們向島民保證說，中島帝國人一定是發現了自己的錯誤，後悔放棄了魚邦儲備券。現在，他們會再次把錢存入魚邦儲備銀行。

　　然而，中島帝國的貨船靠岸後，發生的情況恰好相反。

　　中島帝國代表分頭行動，推著滿載真魚和魚邦儲備券的單輪手推車，分頭到美索尼亞國的各個角落，他們見到東西就買下來，甚

至是那些已經被訂購的貨物。因為美索尼亞國已經沒人擁有真魚了，所以中島帝國人的購買力比任何美索尼亞人都要強。

他們買下並分解了自來水系統設備，運到貨船上；對於燈塔，他們也如法炮製。他們買走了所有的驢車、衝浪板、漁網、二手小鼓，甚至連巨型捕魚器也沒有放過。此外，他們還將閒置的公寓搶購一空，這樣一來，中島帝國的工人就擁有自己的度假小屋了。

中島帝國人進行一番瘋狂購物之後就離開了，他們帶走了所有值錢的東西，留下了他們積存多年的魚邦儲備券。至少，這回美索尼亞人生火煮飯時就有「柴火」可燒了，至於能不能找到東西吃就是另一回事了。

參議員們研究了這個災難性的結果，他們不明白究竟是哪裡出了問題；他們促進了消費，但為什麼經濟就是不增長呢？最後他們明白了，其實問題比他們想像的要簡單得多。

面對急於想知道答案的人們，奧庫達說出了一個政治人物所能想到最真誠的話：「還有誰知道怎麼製作漁網嗎？我想我們應該自己捕魚了。」

　　縱觀歷史，政府總是因為入不敷出而陷入困境。一旦這個差距擴大到一定程度，政府就要面臨艱難的選擇。

　　選項一，政府透過提高稅收增加收入。這條路從來不受人民歡迎，在一個民主國家中很難通過；即便在集權主義國家（那裡沒有煩人的選舉），增加稅收也會帶來很多問題。高稅率總是會抑制生產，降低經濟活力，所以稅率是會有上限的；一旦稅率過高，人們就會停止工作，若是繼續提高，就有可能發生暴亂。

　　削減政府支出這個選項相對好多了，然而要這麼做往往比提高稅收更困難。利益受損的人可能會投反對票，或者到街上鬧事，那些認為自己理應獲得利益的人尤其明顯。政客們為了贏得選舉做出無數承諾，而選民們也從來不考慮納稅人能否為這些承諾買單。

　　為了避免這兩種在政治上不受歡迎的選擇，一些政府選擇不履行債務，也就是直接告訴債權人，我們不能全額償還；如果債權人都是外國人，這就是個很容易做出的選擇。從政治上來說，與其增加稅收並剝奪國人的利益，還不如失信於外國人。

　　對於政治領袖來說，拒不還債當然令人難堪，因為這相當於正式承認自己沒有償付能力。為了避免此一窘境，很多政客索性選擇

印刷鈔票，引起通貨膨脹，使債務貶值，等於換一種方式償還債務。通貨膨脹一向是最容易做出的選擇，通常也是最後的選擇；選擇這個方案雖然開始時好像很容易，到頭來卻要付出最慘痛的代價。

政府可以利用通貨膨脹避免艱難的抉擇，還可以神不知鬼不覺地賴掉債務。政府可以經由加印鈔票在名義上償還債務，但這樣做的代價是本國貨幣的貶值；債權人收回了債務，可是卻不值多少錢，如果碰上惡性通貨膨脹，更是血本無歸。

通貨膨脹不過是把財富從以某種貨幣儲蓄的人手中，轉移到以同種貨幣舉債的人那裡，如果遇到惡性通貨膨脹，存款就會變得一文不值，負債卻能一筆勾銷。（擁有固定資產的人情況會好一些，因為與以貨幣形式儲蓄不同，固定資產的帳面價值會暴漲。）這樣的事情以前發生過不只一次：1790 年代的法國，1860 年代的美國南部邦聯、1920 年代的德國、1940 年代的匈牙利、1970 到 1980 年代的阿根廷和巴西，以及現在的辛巴威。在這些所有案例中，引發惡性通貨膨脹以及隨後經濟災難的原因都驚人地相似，這些國家都是透過降低貨幣價值償還巨額外債，結果讓本國人民陷入了赤貧之中。

　　現在的美國如果發生惡性通貨膨脹，它必將成為有史以來「獲此殊榮」的最大也最發達的經濟體，但是這並不意味著這種情況不會發生。到目前為止，美元的儲備貨幣地位一直是美國手中的王牌，也就是說，哪怕基本面再差，世界各國還是會接受美元。然而，一旦失去儲備貨幣地位，美元的下場就會和其他已經崩潰的貨幣一樣。

　　美國必須正視這些可能的後果，趕在喪失自身命運的掌控能力之前，及時懸崖勒馬。

# {後 記}

故事中，美索尼亞國的結局悲慘，但美國這個超級大國卻未必是同樣的命運。不幸的是，美國的領導人依舊推行消費計畫，而且數額更加龐大，實際上正是類似的政策引發了金融危機；他們越是執迷不悟，最後的結局就越悲慘。

以政府經濟刺激計畫解救資本主義失敗的想法雖然是凱因斯催生，再由小羅斯福總統助長，但是直到葛林斯潘、小布希、柏南克和歐巴馬陸續登上歷史舞臺以後，這個想法才真正大行其道。2002年以前，我們從未見過如此龐大的聯邦赤字（現在每年都超過1.5兆美元），如此大規模地實行超低利率和操控信貸市場也是前所未有的。

雖然錯誤如此明顯，但美國還是一錯再錯。

早在2002年，也就是充斥著大量不當投資的達康泡沫時期，數十億美元的資金湧入了毫無前途的公司，那時經濟本來應該進入一個長期的衰退期。但是新當選的小布希總統不希望糟糕的經濟環境影響他連任，所以他和顧問們選擇了凱因斯主義的解決辦法，政府支出和寬鬆信貸都達到了前所未有的規模。

因此，2002到2003年的這場經濟危機是歷史上最輕微的一次，但代價卻是長期的沉重負擔；這場危機結束後，美國經濟失衡的現

象比以前嚴重得多。按理說，這種情況本來不該出現。

我們期待實實在在的經濟增長，結果卻吹起了一個更大的資產泡沫（房市泡沫），只是暫時緩解了達康泡沫破裂後的壓力。不斷上漲的房價帶來了很多「好處」，於是人們就誤以為那是經濟健康的明證。但是，正如我們後來看到的，所謂的強勁勢頭不過是海市蜃樓。

六年後，下一次危機發生了，但美國仍然沒能從這些錯誤中學到任何東西，這才是真正的悲劇。政客和經濟學家們不僅誤判了2008年金融海嘯的起因，還開出了錯誤的藥方，這些錯誤是很危險的。

金融海嘯發生數月以來，大家一致認為是因為缺乏足夠的監管才會釀成苦果，在很大程度上忽視了政府和聯準會的責任。結果不該來的（財政支出和限制性規定）越來越多，該來的（儲蓄和自由企業）越來越少。

華爾街的領袖們也很不負責任，大銀行在經濟繁榮的那幾年賺取了驚人的利潤，在危機來臨之後本該付出更大的代價，但其實銀行家的這些手段都是政府授意的。美國領導人很不理智地鼓勵購房、抑制儲蓄，還很不理性地鼓勵借貸，這些因素共同作用，破壞了市場。

聯準會、聯邦住宅管理局、房利美、房地美（它們一直都是藏在偽裝下的政府機構）以及其他一些機構制定了許多政策，這些政策有利於房屋買賣，消除了制約信貸發放的因素；結果就是形成了一個信貸和房地產泡沫，一個在破裂之前只能繼續膨脹的泡沫。

人為操縱的低利率（使經濟顯得很健康）鼓舞了浮動利率的房貸市場，還催生了寬限期房貸（編按：特定期間僅需還息不還本），這種房貸使原本高不可攀的房子顯得唾手可得；葛林斯潘本人也積極鼓勵購房者進場。政府機關和政府資助成立的機構僅僅根據借款人償付寬限期房貸的能力就為其擔保，從而讓問題惡化。因為若沒有它們的擔保，大部分銀行是不會放行這些貸款的。

正如自由市場中的物價是由供需法則決定的，金融市場和房地產市場則是由貪婪和恐懼這一組對立的情感所支配的；然而，美國政府竭盡所能試圖將恐懼從這個等式中抹去。

因此在 2008 年初，當市場的力量正要戳破信貸和房產泡沫的時候，美國政府插手進來繼續吹大這兩個泡沫。美國政府先是援助貝爾斯登投資銀行和美國國際集團（AIG），並為高盛及美國銀行等華爾街公司擔保；然後美國財政部推出了價值 7,000 億美元的問題資產救助計畫（TARP），購買私人企業不願投入的住宅抵押

貸款資產；後來美國政府又救助了為學生提供貸款的沙利美，並從基本上接手了整個助學貸款市場；緊接著又救助了底特律的汽車生產商。

本應倒閉的公司在政府的支援下又站了起來，本應解放出來的資金和勞動力被困在了無效的經濟活動中，無法發揮更高的經濟效益。

房市泡沫破裂以後，消費者無法再那麼輕鬆地賺錢，於是理智地停止了消費。美國政府的應對方式是推出 7,000 億美元的巨額刺激計畫，而這筆開銷是向美國民眾的後代借來的。靠著這筆錢，現在的美國人不用去過量入為出的拮据生活。

美國政府拒絕順應市場的力量，不允許嚴控過度消費，不允許錯誤投資變現，不允許補充已經枯竭的儲蓄，不允許為資本投資提供資金，不允許幫助工人從服務業轉移到製造業；如此的美國政府實際上是拒絕了良藥，加重了病情。在此過程中，美國把各式各樣的債務都轉化成了政府債務，並且吹起了另一個泡沫，這次的主角是美國國債。

一旦這帖藥方沒能使經濟成功復甦，聯準會便立刻調製出藥效更強的藥湯，那就是量化寬鬆，第一套方案（QE1）推出後，緊跟

著便是第二套方案（QE2）、「扭轉操作」以及第三套方案（QE3），其中第三套方案就是當時人們所知的「無限量化寬鬆」政策。也就是說，如果一開始你沒有成功，就原樣重複一遍，如果還是不管用那就再做一遍，只不過動作幅度要更大。如果你覺得這種描述讓你感覺神經錯亂，我想說，你的感覺沒錯！

不幸的是，這個新泡沫可能會比以往的資產泡沫都要大。這個泡沫終將破裂，結果必將引起物價和利率飛漲，其破壞力會比達康泡沫和房地產泡沫加起來的威力還要大。

現在懸崖勒馬還為時不晚。美國需要能勇敢向選民坦白的領導人，也需要能夠為經濟復興付出辛勞的選民。

多年以來，美國人一直入不敷出，現在他們必須下決心過量入為出的生活。如果能夠做到這一點，並任由自由市場的力量發揮作用，他們就能重新平衡經濟，為實實在在的發展打下基礎。然而，如果他們選擇將希望寄託在借貸、印鈔機以及政府承諾的無痛解方，那他們都要回到徒手捕魚的狀態。

# ｛致 謝｝

本書的寓言原型借自《*How An Economy Grows and Why It Doesn't*》（直譯：經濟增長與停滯的原因）一書，該書出版於 1985 年，作者艾爾文·希夫慷慨地把書中的理念傳給了他的兒子們。

作者還要感謝布倫丹·利奇（Brendan Leach），他為本書創作了插圖，運用創意的視覺手法展現了我們的幽默感與我們對經濟的看法。我們還要感謝歐洲太平洋資本公司（Euro Pacific Capital）的 A. J. 梵·斯萊克（A. J. Van Slyke），他為本書內容提供了許多寶貴建議。最後我們還要感謝這些年來所有支援過我們父親的人，謝謝你們的想法和信件，這對囚在聯邦監獄的他來說意義非凡。

國家圖書館出版品預行編目資料

小島經濟學：關於魚（金錢）、漁網（資本）、儲蓄
及借貸的經濟寓言（經典插畫圖解版）
一初版 .-- 臺北市：三采文化，2018.12
面；公分 .—(TREND：54)
ISBN　9789576580949

1. 景氣循環 2. 經濟發展 3. 金融危機

551.9                                    107020206

suncolor
三采文化集團

Trend 54

# 小島經濟學

關於魚（金錢）、漁網（資本）、儲蓄及借貸的
經濟寓言（經典插畫圖解版）

作者｜彼得・希夫　安德魯・希夫　譯者｜胡曉姣 呂靖緯 陳志超

副總編輯｜郭玫禎　文字編輯｜陳榮格　版權負責｜杜曉涵

美術主編｜藍秀婷　封面設計｜池婉珊　內頁排版｜周惠敏

行銷經理｜張育珊　行銷企劃助理｜王芯儒

發行人｜張輝明　　總編輯｜曾雅青　　發行所｜三采文化股份有限公司

地址｜ 台北市內湖區瑞光路 513 巷 33 號 8 樓

傳訊｜ TEL:8797-1234　FAX:8797-1688　網址｜ www.suncolor.com.tw

郵政劃撥｜帳號：14319060　戶名：三采文化股份有限公司

初版發行｜ 2018 年 12 月 7 日　定價｜ NT$420

　　11 刷｜ 2023 年 5 月 30 日

How an Economy Grows and Why It Crashes
Copyright © 2014 by Peter D. Schiff and Andrew J. Schiff.
Illustrations © 2014 by Peter D. Schiff and Andrew J. Schiff.
Traditional Chinese edition copyright © 2018 by Sun Color Culture Co., Ltd.
This edition published by arrangement with John Wiley & Sons, Inc.
All rights reserved.